学校
学不到的
成长课

〔日〕株式会社旺文社 著
王新 译

●小学生应该学会的事，这套漫画就能搞定！●

小学生也要学的整理术

SPM
南方出版传媒
新世纪出版社
·广州·

前言

考试得了一百分真开心呀！身边的人都表扬我。但是，长大以后要面临的问题，却比学校的考试复杂得多，有的时候正确答案不止一种，有的时候问题是没有正确答案的。

“生日礼物的话，我想收到鲜花！”“我想收到书！”谁的答案是正确的？他们的答案都是正确的。但是在某些情况下，他们的答案又都是错误的。

爬山的时候，同学扭伤了脚。紧要关头，自己是选择用指南针摸索着下山，寻找救援，还是在原地等待救援呢？哪个答案是正确的？正确答案随情况而定。总之，性命攸关的问题要慎重地做出决定！

在大人的世界里，每天都要面对这样的选择题。可以自信满满地解决问题，凭借的是聪明的头脑，对问题做出正确的判断。

本系列丛书，希望用漫画的方式，让小朋友们去理解自己和周围的世界。希望合上书本的时候，小朋友们能发现自己的进步，感受到思考带来的快乐。

本书的主题是“整理与收纳”。你可能觉得，不会收拾东西也无所谓。不过，养成整理与收纳的习惯，你所收获的不仅仅是整洁的房间，还将获得非常重要的能力。你考虑问题会变得有条理，做事情会变得有计划，会判断一样东西是否还有价值，等等。这些能力会让你拥有比别人更多的“时间”——这可是非常宝贵的东西。

旺文社

目录

即将登场的

片津一家

片津整太

- 片津家长子，上小学三年级
- 不喜欢学习和收拾，懒散却开朗活泼
- 喜欢角色扮演游戏、打棒球和看漫画
- 每月零花钱 50 元

片津理香

- 整太的妹妹，上小学一年级
- 爱整洁的乖孩子
- 喜欢读书
- 每月零花钱 20 元

整太的同学

丽丽

- 认真而体贴的女孩子
- 班里女神般的存在
- 清清的好朋友

松松

- 整太的死党
- 放学后常和整太等小朋友一起打棒球

清清

- 仰慕整太
- 擅长画画

小伙伴们

片仔

- 片津家的狗狗，公狗，2 岁
- 整太的小跟班
- 喜欢章鱼玩偶和骨头
- 想和散步时遇到的小贵宾犬成为朋友

片津理惠

- 整太和理香的妈妈，全职太太，37 岁
- 拿不爱收拾的整太没有办法
- 生气时很可爱，有时候头上会长出犄角

片津整之助

- 整太和理香的爸爸，上班族，39 岁
- 性格温和
- 休息日总是无所事事

整理老师

教会整太各种整理的好办法

片津家

整太和理香共用的房间，里面有两人的书桌、抽屉柜和书柜。他们的书桌挨着。这里也是片仔的房间。

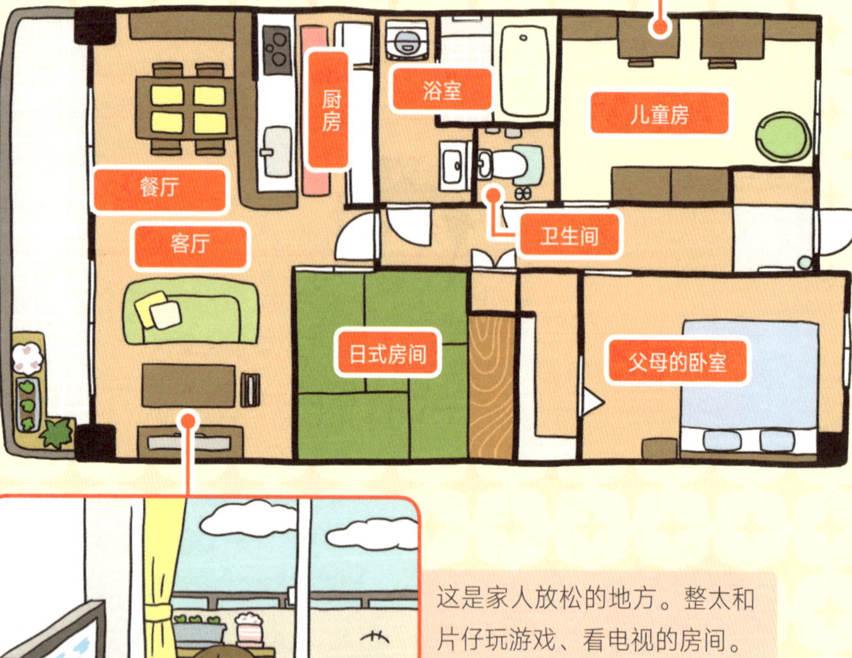

这是家人放松的地方。整太和片仔玩游戏、看电视的房间。

片津家
理香、整太，我回来了。
吧唧吧唧！
打啊！
上啊！
嘎吱！
嘎吱！
我回来了，理香。
啊，妈妈。
你回来啦！
腾
大曲奇
整太——
房间收拾了吗？
啊——每次都过不了这关，可恶！
喂——
咚——
轰——
哥哥……
这次一定要赢！
不好啦！不好啦！
整——太——
大怪物来了！
啊——

谁是大怪物?!
嗖——
我的亲妈！
不要啊！
你有事要跟我说吧？
气死我了……
太过分了，记录都没了。
我的传说……
什么事？
花盆是我打碎的。
啊！
花盆碎了?!
对不起！
啪！
架子上那个甜甜圈吗？
不是那个？
你吃了我的甜甜圈?!
不是叫你收拾房间吗？
哦，收拾房间啊……

我打算玩完游戏就收拾的。
真是的！
差一点就过关了……
这孩子……
还有脸发牢骚？！
悠闲
乱七八糟
我的天哪！
从哪儿开始收拾呢？
理香的桌子

唉……
别弄乱我的地盘！
比玩游戏升级更重要的事……
什么？
那就是……
整理技能的升级！
升级整理技能，可大有好处哦！
当
当！

还是游戏升级更重要。
整理技能又不能用来打怪。
哼……
在现实世界里……
可比游戏有用多了！
整太选手一技全垒打，反败为胜！
早上好！
我们赢啦！
整太社长早上好！
早上好！
大家早！
整太，我欣赏你。
在现实生活中，的确有用多了……
妈妈，快教我！
真单纯……
那我就教你吧。
咳咳！

当 当！
整理所需的三个技能——
决定的能力
整理的能力
坚持的能力
好！
哇！
只要学会了这些，就无敌了！
哈哈！
不懂……
和你喜欢的游戏是一样的哟。
什么？！
惊讶

现在的整太，连最弱的小怪物都赢不了。
整太
HP：0
MP：0
失败
片仔
HP：0
MP：0
失败
这样就赢了？
什么？！
这么弱？！
怎么还有我？！
呃——
咝——
掌握这三个能力，就可以升级啦！
第一，决定的能力！
第二，整理的能力！
第三，坚持的能力！
通过
通过
通过
升级！
原来如此！
哦哦！
我们开始一点一点地学习吧！
好的！
好的！
好期待呀！
看上去很好玩呢！
嗖——
嗖——

那么，整太……
咚
掌握所有的技能，
成为整理的王者吧！
?! ?!
向着最高的目标……
呼呼
拉风
……
妈妈好激动……
……
入戏太深……
咱们开始吧……
嗒
等下！
让我先打败游戏里的怪物吧。
第四个是“绝不放弃的能力”，对吧？
不行！
没有第四个……

第1章

什么时候做？怎么做？

决定的能力

应该什么时候整理呢？

乱七八糟
哈哈哈！
又把房间搞成这样！
火冒三丈
呃——
我准备看完漫画就收拾的。
真是的……
撒谎！
现在就收拾！
太可怕了！
磨磨蹭蹭
2分钟后
差不多了吧……
只是把东西都堆到角落里
……

等于没收拾！
哈哈哈……
嗒嗒。
吵什么呢?!
都9点了！
妈妈！你看哥哥他……
扑通！
乖乖！
又来了，必杀技——假哭！
理香，今天确实太晚了，明天让他彻底收拾收拾。
不要嘛！
今天收拾的话，他肯定只是随便应付一下，还摆出一副得意的样子。
嘿嘿！
悄悄话
有道理。
那明天の点起床整理！
呃?
起不来吧……
你负责叫我们！
拜托了！
我?!

决定好什么时候开始整理

收拾的时机很重要哦。

好的时机

● 时间宽裕的时候

没事干，整理房间吧。
好呀！

● 心情愉快的时候

我是个天才！
70分、天才？

不好的时机

● 时间紧张的时候

理香还有 3 分钟到家。
不管了，先放这儿！
嗒嗒……
嗒嗒……

● 心情低落的时候

咯吱咯吱！
啊！
我什么都干不好……

第二天早上
起来，起来！
哐！哐！
嗯……
起得早，
叽叽！
心情都不一样呢！
好，开始收拾！
哈！

有这样的好处！
原来如此！
选好时机，
才能整理彻底！

整理进度表

等级 1

整太“决定的能力”有所增加，进度条上涨。

需要？不需要？分清楚就很轻松

好，开始整理！
可是……
乱七八糟
从哪里下手呢？
唉……
5分钟后
发射！
糟糕！
整太！
要先把需要的东西和不需要的东西分开哦！
这是秘诀！
这么简单吗？分开就可以呢？
闭着眼都能搞定！
哈！哈！哈！
嗖——
你干吗?!
需要
不需要

先从桌子开始。
不需要的放这边。
点头
需要
不需要
整太！
威武
再见了，算术！
对！
三年级 算术
需要
不需要

分类与学习相关的东西

需要的

- 正在用的课本、笔记本

三年级
语文
算术
3
3-7 整太

- 能用的文具

橡皮

- 有用的打印资料

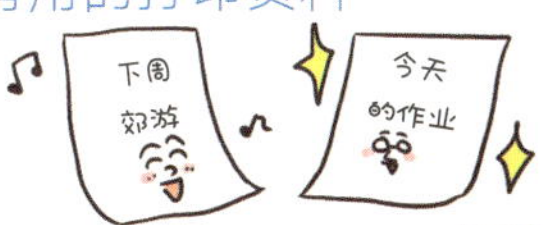

下周
郊游
今天
的作业

快去收拾！
啦啦啦……

不需要的

- 用完了的笔记本

绘画本 1-1
整太
留言本
1-1
片津整太

- 不能再用的文具

太短的
铅笔
破旧的
橡皮
空了的
胶水瓶
胶水

- 旧的打印资料

上个月
的通知
去年的
通知

这里居然
还有东西。
呃？
29分！！
别忘了抽
屉最深处！

突然出现
收拾得怎么样了？
这是什么……
……
啊！
漫画
漫画

分类书籍

需要的

● 接下来会读的书、重要的书

洞穴探险队
妖怪图册
让人回想起小时候……
嘿嘿……
现在也没变啊。
桃太郎

不需要的

● 不会再看的书、旧书

闲人杂志 3月刊
喵咪 9月刊
真壮观……
哇……
旧的扔了吧。

接下来是衣服！
分类分类！
这件挺漂亮，留下吧。
太小了吧？
还，还……
可以穿……
嘿嘿！
这……
穿不了了！
再漂亮的衣服，不能穿的就要扔。

分类衣服

需要的

● 还能穿的衣服

● 干干净净的

漂亮吧？
造型
这件当然是“需要的”。
造型
哇！

不需要的

● 太小穿不了的

● 洗不干净的、破了大洞的

啊！
该扔啦！
哈哈哈！
刺啦

搞定，完美！
分好啦，分好啦！
需要
不需要
还有哦！
游戏、DVD、CD
玩具箱
真是遗憾呢。
可惜
呃——

分类玩具和喜欢的东西

需要的

● 正在玩的玩具、游戏软件

赶走妖怪
动物游戏

● 正在看的 DVD、正在听的 CD

英雄故事
电车王
动画金曲20

经典永不褪色。
名侦探
嗯嗯！

不需要的

● 不再玩的玩具、游戏软件

某游戏

● 不再看的 DVD、不再听的 CD

古代传说
儿歌

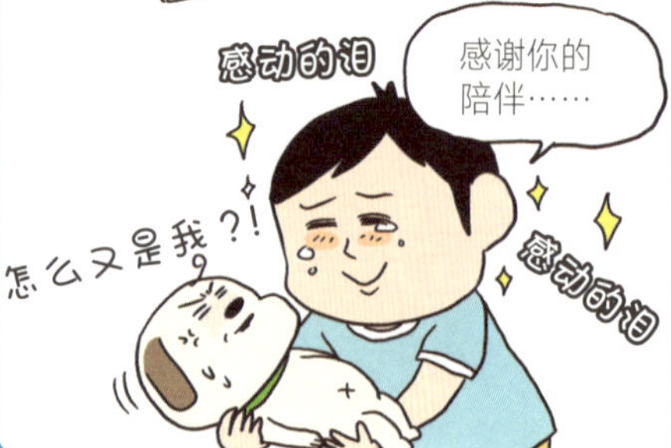

感动的泪
感谢你的陪伴……
怎么又是我？！
感动的泪

休息一下

整理老师的金点子

大家听我讲。
好！

第一点 注意抽屉和书架的容量

需要的东西不能太多，不要超过盛放的量。
啊！装不下！
咯吱！
咯吱！

第二点 不能马上决定是否需要的东西，可以先留着

下次收拾的时候再决定吧！
这个可能会穿。
当当！
什么时候穿？
穿着去哪儿？

那些都扔掉吗?
不需要
太浪费啦。
不用都扔哦。
这次总算分好啦!
呼——
嗯,完美!
需要
不需要

不需要的东西这么处理

1 送、卖

周围是否有人需要它们

只有一只袜子,需要吗?
不要不要,还不如给我火柴。

拿给旧物回收店或者义卖会

游戏软件、DVD、CD
游戏
儿歌
衣服
Apple
书
传说
旧物回收
收

2 扔

按照当地的规定进行

没有啦!
收垃圾
小小年纪,分类做得很好呢!
嘿嘿!
可燃
不可燃

比如……
可燃垃圾
曲奇
不可燃垃圾
可以回收哦!
资源垃圾

清爽了很多吧?!
很不错哦！
得意
鼓掌
哇—
真棒!
我这么努力，给点零花钱嘛。
嘿嘿！
嘿嘿！
这……
我考虑考虑。
哎呀，我忙着呢。
嗖—
没戏了……
呜呜……

有这样的好处！

心情很好吧？
把需要和不需要的东西分开，房间就清爽了！也能有效利用空间！
宽阔
可以好好放松一下了！
心情确实不错
宽阔

不是随便塞到哪里都可以

整太——给我过来！
吃惊
您叫我？
不安
好好看看你的房间。
都收起来了呀！
嘿嘿！
嗯嗯！
七零八落
乱糟糟
静悄悄
这——可——不——行——
放哪里要根据东西的用处来！
闪亮
不是放哪儿都可以的！
啊啊啊！

而且，同种类的东西，
东一个
西一个
要放到一个地方。
我记得在这儿？
算术的课本在哪儿？
确实不好找！
学习用品放书桌里！
放书桌里的东西
课本
算术
社会
笔记本
空白笔记
汉字练习
漢
打印资料
文具
彩色铅笔
书包、手提包
整太
啪！
嗯嗯！
便笺
贴纸
好像小东西也适合放书桌里！

玩具、爱好的东西
游戏软件、DVD、CD
玩具
分类放进盒子、箱子里
也可以放到书柜里，关键是要和书分开。
放入书柜的东西
传记、小说
爱迪生
世界名著
漫画、杂志
得意猫
小学三年级 4月刊
图册
植物图册
天体
并不是因为它们和书的形状一样才放书柜里的。
要根据用途分类。
啊，放盒子里。
我一直都把游戏软件、DVD、CD和书放一起……
衣服当然要放进抽屉里。
哗——
毛巾和手帕也放进抽屉哦。
对，对。
啪啪！
原来放在书籍上的。
惊讶
啊！
两眼放光
……

这样一来，明天找东西的时候也方便了。
哦？
遵命！
老大，书柜里有可疑物品！
嘻嘻！
给某某的信
啊啊啊啊啊！！
不会吧？
哼哼，年轻人……

有这样的好处！

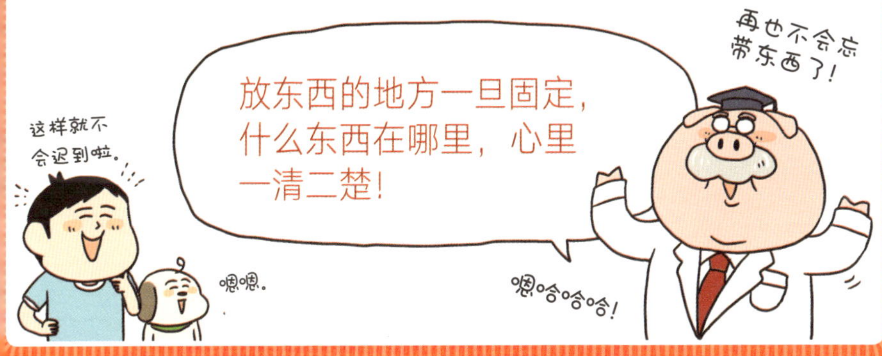

放东西的地方一旦固定，什么东西在哪里，心里一清二楚！
再也不会忘带东西了！
这样就不会迟到啦。
嗯嗯。
嗯哈哈哈！

整理进度表

等级 1

整太“决定的能力”有所增加，进度条上涨。

整太去超市

我妈叫我去买东西。
陪我去吧。
好呀！
酱油
蔬菜
降价 萝卜 8元
降价 大葱 6元
苹果 30元
橘子 24元
这里没有哦。
西望
酱油在……
东张
肉类
在哪儿呢？
找不到啊？
我知道啦！
根据用途放。
闪亮
难道是在……
啊！
在豆腐的旁边？

调味酱
新上市
这里有调味酱，这是个线索。
线索？
调味酱
新
酱油在里边！
啊——？
酱油
酱油
酱油
酱油
找到啦！
你怎么知道的？
因为这个架子上摆的都是调味料。
哼哼哼……
原来如此！
しょうゆ

这个真的需要买吗？

找不到红色铅笔了。
可可当当！
给我18元买红色铅笔。
我要用的。
你也想买零食吧。
不是刚买过吗？
还有，买铅笔哪用得了18元?!
好好找找！
好的……
哼！
红色铅笔，给我出来！
丁零当啷！
找到了！
而且有3支！
喂！

其一

买之前，先想想有没有必要

只是暂时没找到

找一找

找找吧！
嘎吱
嘎吱
嗯嗯！

买了再说

用钱来
解决吧。
儿童
银行
那是买玩
具的钱！

这种时候才该买文具！

1 用完了

橡皮变得这么小了！
从一年级用
到现在……
嘿嘿……
证明我学
习多么用
功呀！

2 不能用了

跟你拼了……
这剪刀，
剪不开……
喂，
血管要爆啦。

数数自己需要的东西够不够

1、2、
3、4
……

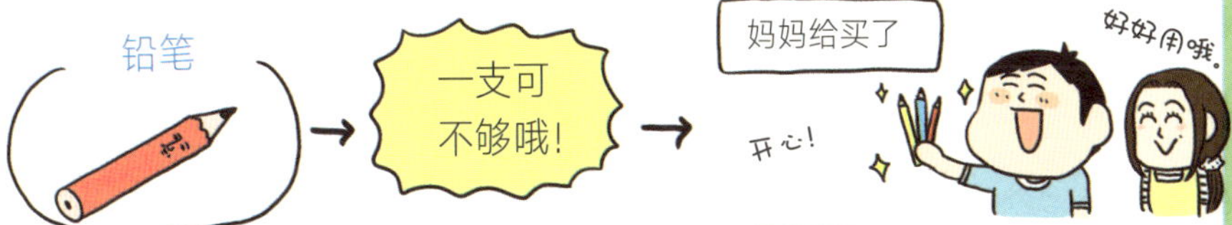
铅笔
一支可
不够哦！
妈妈给买了
好好用哦。
开心！

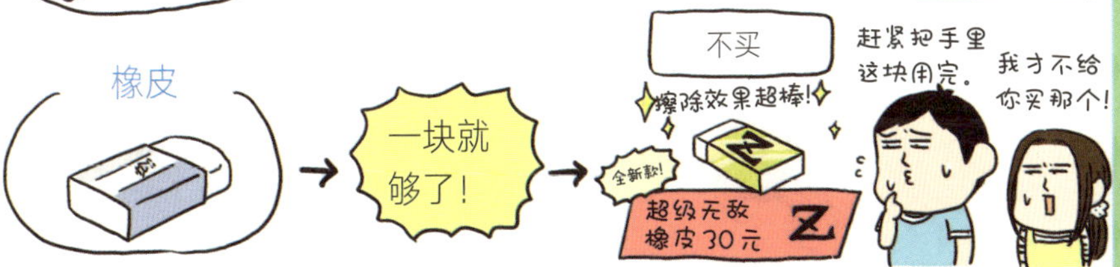
橡皮
一块就
够了！
不买
擦除效果超棒！
全新款！
超级无敌
橡皮30元
赶紧把手里
这块用完。
我才不给
你买那个！

休息一下

整理老师的金点子

大家听我讲。
好！

红色铅笔
多了两支。
嗯……
铅笔盒装不下
了，怎么办……
扔了也可惜……

如果有的东西一个就够了，却有两个或者更多。

收起来，放一起！

准备一个盒子放多余的东西！

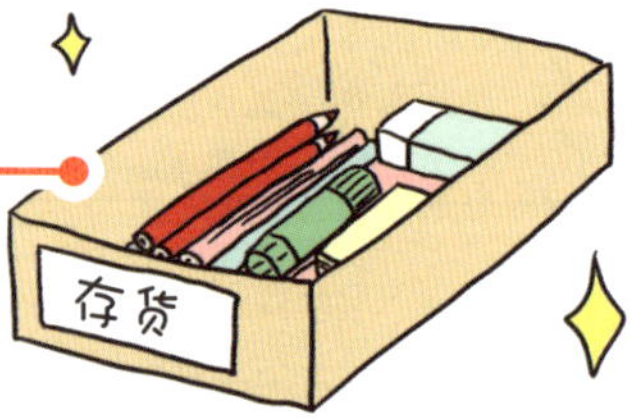
存货

下次买之前先看看盒子里有没有！
一定先看看！
有的话就
不用买了！
存货

有一天
妈妈——
扭扭
捏捏
什么事？
不祥的预感……
给我买王子的服装，好吗？
呼
什么？
王子？
喷饭
我想万圣节舞会穿嘛。
啊？
那个就穿一次，不买！
我要成为舞会的主角！
哈哈哈！
闪亮
闪亮
整太，好帅！
整太的想象
整太——
实际上，是这样吧……
啊！爷爷说他以前演过主角！
我是主角！
服装说不定还在呢！
真的？！

买之前，先想想有没有必要

只要不是以后一直要用的，也许不用买哦。先想想能不能从哪里借吧。

只用一次的东西

绷紧
反正明年就穿不了了。
哼哼……
你能长那么快？

贵的东西

给我买个望远镜，我要去寻宝！
拒绝！
等我当上了海盗，你们的日子就好过了……
为什么要当海盗？

能借就借吧

爸爸，有望远镜吗？
大阪的叔叔
呵呵呵
可以问问大阪的叔叔。
他以前寻过宝，说不定有。
真是一家人……
如果是书的话，可以去图书馆借。
诗集
有好多书哦！
图书馆
图册
绘本
小说
整理

几天后
叔叔寄来的！
翻来翻去
叔叔……
这不是个……
震撼登场
这个『主角』我看行！

有这样的好处！

只买需要的东西，
就可以避免浪费！
不要浪费！
父母的收入是有限的！
——整理老师
了解自己的东西，
每一样有多少，
也很重要哦！
好的，老师！
我回家数数攒
了多少张棒球
明星卡！

要做的事太多了

啊——忙死啦，忙死啦。
要做的事，
太多了！
慌慌张张
怎么了？
从刚才开始一直慌慌张张的。
要做的事太多了。
闪亮
你需要的是，
任务清单！
该爸爸出手了！
任务清单？
只要用了它，
哼哼哼……
一下子就解决了！

这个也可以完成升级哦。
一点都不配合……
这又不是整理房间……
哦？
对呀！
哼哼哼……
不不不。
瞧！
需要的东西，
只有铅笔和纸！
总觉得很奇怪。
对，很奇怪。
悄悄话
悄悄话
当当！
这是在大脑里进行『整理』！
啊？
嗯？

任务清单就是——

● 把要做的事写下来

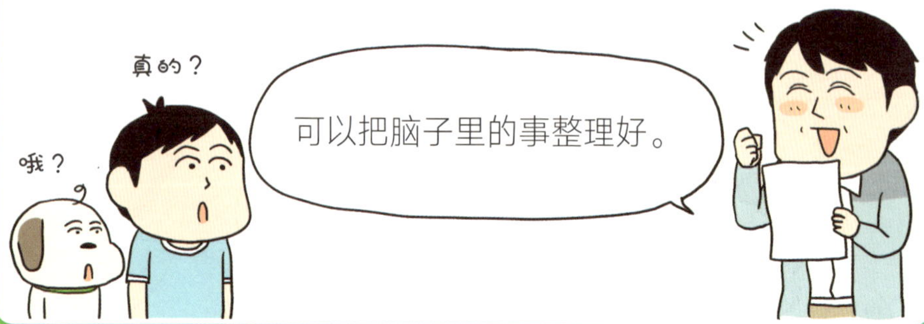

爸爸也在用哦!
可以把脑子里的事整理好。
真的?
哦?

任务清单的制作方法

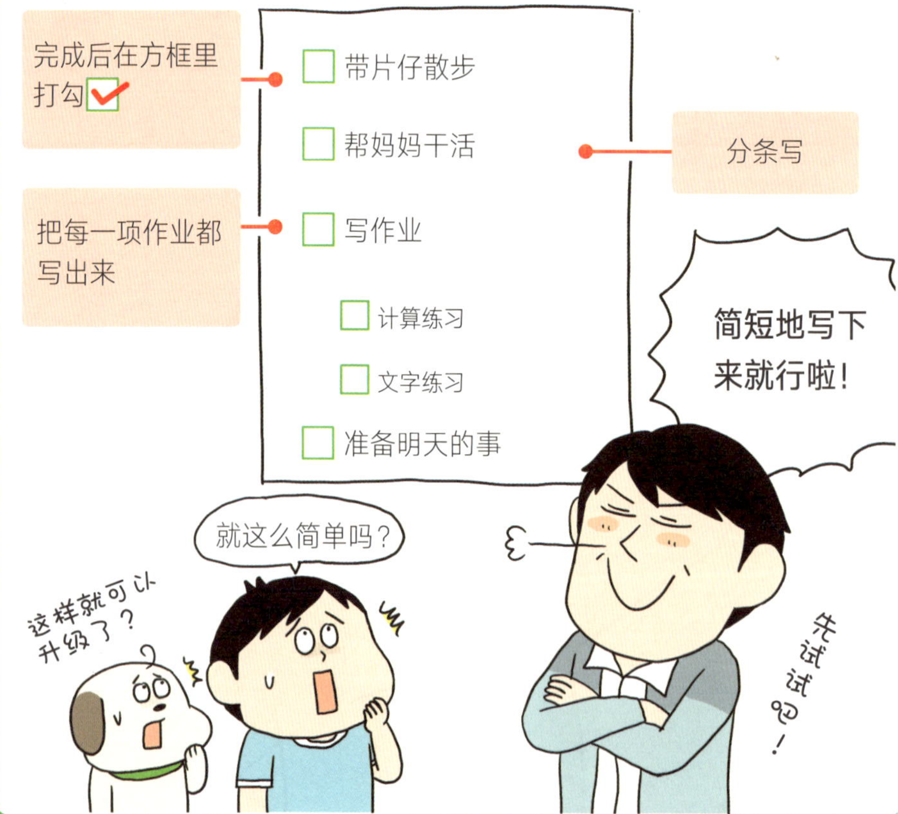

完成后在方框里打勾
把每一项作业都写出来
带片仔散步
帮妈妈干活
写作业
计算练习
文字练习
准备明天的事
分条写
简短地写下来就行啦!
就这么简单吗?
这样就可以升级了?
先试试吧!

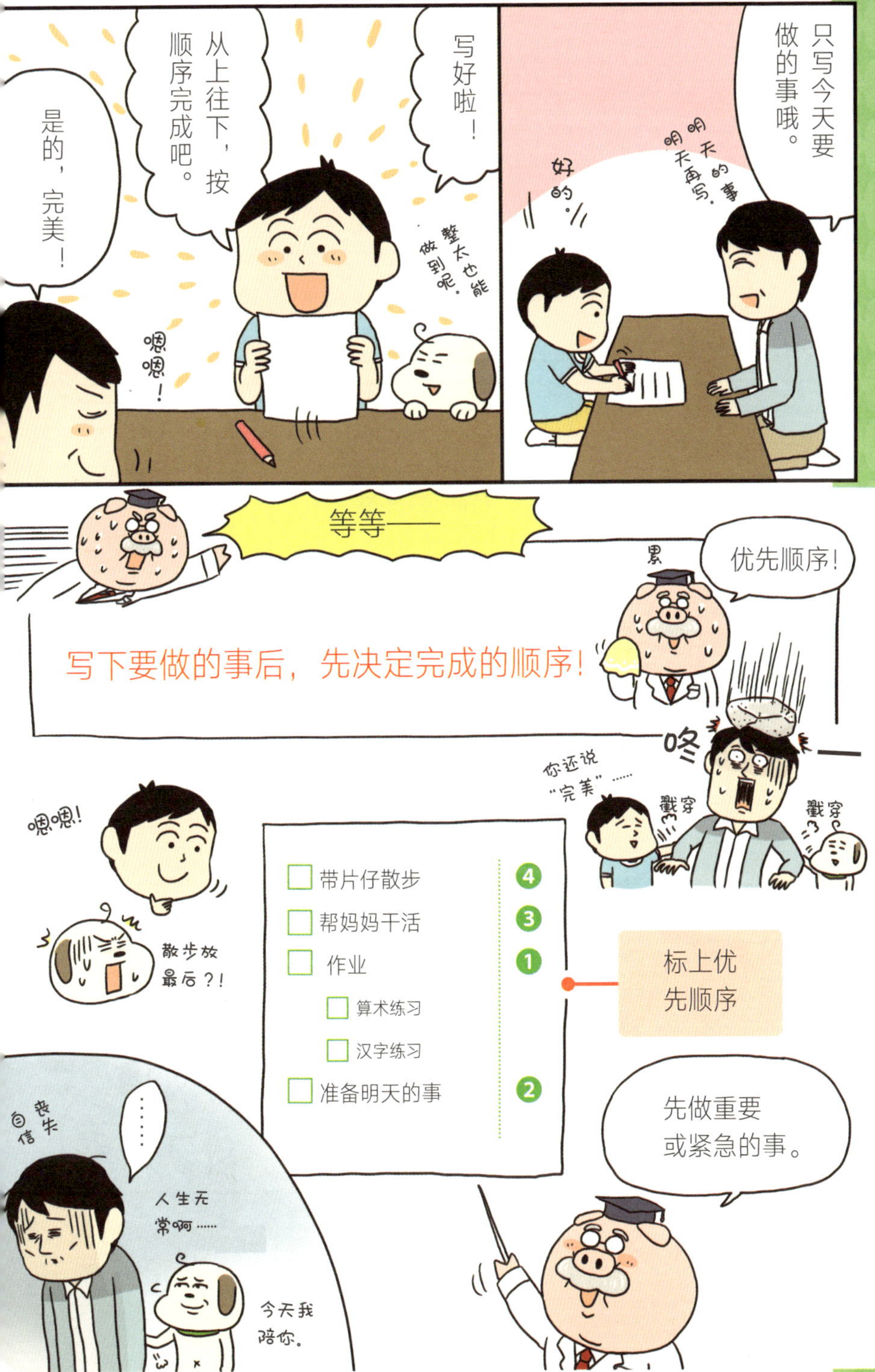
只写今天要做的事哦。
明天的事明天再写。
好的。
写好啦！
整太也能做到呢。
从上往下，按顺序完成吧。
是的，完美！
嗯嗯！
等等——
优先顺序！
写下要做的事后，先决定完成的顺序！
咚
你还说"完美"……
戳穿
戳穿
嗯嗯！
散步放最后？！
带片仔散步 4
帮妈妈干活 3
作业 1
算术练习
汉字练习
准备明天的事 2
标上优先顺序
先做重要或紧急的事。
……
丧失自信
人生无常啊……
今天我陪你。

休息一下

整理老师的金点子

大家听我讲。
好!

用任务清单的方法，可以做购物清单和行李清单。

购物清单
今天晚上做咖喱饭!
嗯……
肉、
胡萝卜、
洋葱、
土豆。
我帮你写购物清单!
要买的东西
肉
胡萝卜
洋葱
土豆
棒球明星卡
妈妈，他写了别的东西!
行李清单
明天郊游要带这些东西!
当当!
便当
水壶
野餐垫
点心
帽子
片仔
把片仔留下……
巨大的打击
片仔

如果不需要的话，可以不写优先顺序。

孩儿他妈，啤酒！
你尝尝这个。
话说，你在忙什么？
不行！中午不许喝酒！
玩游戏、打棒球、看漫画、看电视……我该从哪个开始呢？
真不好选。
这些全部是玩的！
无奈
这些不需要用任务清单……

有这样的好处！

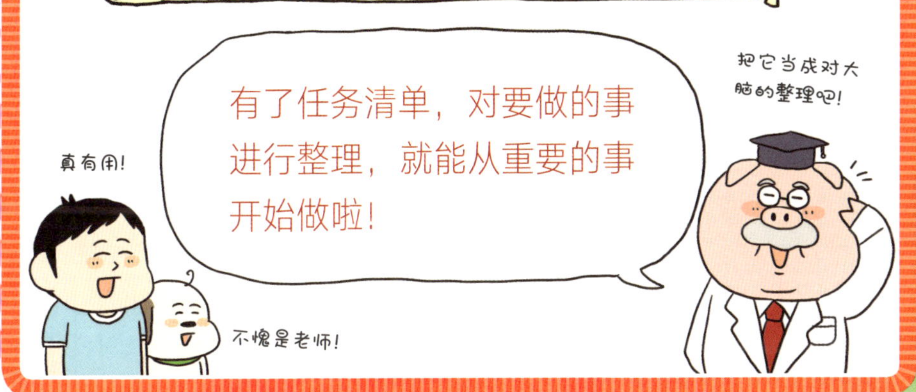
把它当成对大脑的整理吧！
有了任务清单，对要做的事进行整理，就能从重要的事开始做啦！
真有用！
不愧是老师！

整理进度表

等级 1

整太“决定的能力”有所增加，进度条上涨。▼

整太去郊游

★ 郊游要做的事 ★
□坐小丽旁边 3
□和小丽一起吃便当 2
□和小丽一起拍照 1
□和松松交换零食 4
一定要全部完成！
记得给我带礼物……
呜——
首先要抢到小丽旁边的座位！
熙熙攘攘
哎呀，还有空位！
不好意思哦。
硬挤
呜呜…… 放轻松。
坐小丽旁边。

吃午饭吧!
我们一起吃吧!
轰隆隆
啊……
晚了一步……
我陪你吃吧。
和小丽一起吃便当。
好呀。
能不能……
一起拍张照呢?
同学们，集合!
和小丽一起拍照。
算了算了，还好拍到了合影。
香蕉……
谢谢!
巧克力
和松松交换零食。
天呀!
玩得很开心嘛!
呵呵!

上吧！片仔 1
乱七八糟
无所谓
狗狗组
和哥哥一模一样。
好……乱……
真是服了！！

整理进度表升级：掌握“决定的能力”

升级 ★☆☆

掌握“决定的能力”！

决定的能力是指

1. 选择的时候不犹豫
2. 看清什么是重要的
3. 自己的事自己决定

一定在中间
那只箱子里！
嗯！

升级

整太升级了！掌握了“决定的能力”！

选择的时候不犹豫

决定不了……

之前

这个……那个……
你已经选了20分钟了！
超人气！
超好卖
"了不起"排名
学会算术
关于算术
了不起的算术
我不知道要哪个……
还决定不了吗？
我想走了……

立刻决定！

之后

坚决
超快的决定！
这本看起来最好懂。
超人气！
超好卖
"了不起"排名
学会算术
关于算术
了不起的算术
棒！
棒！

决定的能力发挥作用！ 2

看清什么是重要的

看不清什么重要……

之前

呵呵！
我擅长语文，这个轻松。
算术太难了。
算术
语文
语文、算术考试前一天
完全不会……
白纸……
算术
算术考试

看清重要的东西！

之后

不能怕难！
上次30分，这次考试的成绩提升空间很大！
不擅长的算术要多努力！
语文
算术
语文、算术考试前一天
啊！这个昨天做过！
做起来比平时轻松！
写得飞快
算术
算术考试

决定的能力发挥作用！③

自己的事自己决定

决定的能力对于大人也很重要！

自己决定不了……

之前

妻子候选人
我不知道……
妈妈，你帮我选吧。
那就左边那位吧。

自己决定！

之后

深受打击
太过分了！
呜——
我心里已经有人了！
什么？！
这几位都很不错哦！

第2章

你会收拾身边的东西吗？

整理的能力

谁不喜欢在整洁的桌上学习？

吃好了。
接下来做作业吧。
什么?!
是不是哪里不舒服？
一定是病了。
告辞！
这叫『不鸣则已，一鸣惊人』！
咔嚓！
乱七八糟
哇——
噔——
过会儿再说吧。
所有学习用品都堆在桌上……
果然不靠谱。

收拾桌子

收拾的要点

- 留出学习的空间。
- 想用的东西要能马上找出来。

要是收拾干净了，
就得每天写作业了……
服了……

书架

收拾东西的目的是方便拿取。

那就放漫画吧！
漫画放书柜里！
唉……

桌面上不要放任何东西。

各种深度的抽屉

根据抽屉深度决定放什么东西。

浅而宽的抽屉

坐在椅子上时，这个抽屉不好打开，不要放常用的东西。

噗
注意不要像他一样！

书包可以挂在桌子旁边哦！

清爽
哈哈!
做作业啦!
什么?!
真的要做作业吗?
言出必行!
他刚才说什么?
课本、笔记本
打印资料
嗖
拿取方便。
哼哼——
打印资料也很……
嗖
哗哗
哇哇哇!
乱塞的后果!
嗯嗯……

整理打印资料

推荐!

使用这个吧!

使用文件盒、透明文件夹进行分类整理!

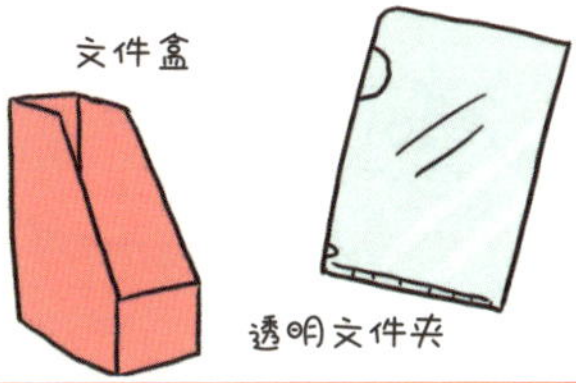

文件盒
透明文件夹

其他
补习班
学校

用透明文件夹

按学科分开放，更清楚。

学习需要的东西

分成学校的东西和补习班的东西吧。

爱好的东西等

把兴趣班通知什么的放这里吧。

我的大作自画像放进“其他”里面。

这样书架就整洁了。
不会纸片满天飞了。
玩“蒙眼贴鼻子吧”!
我也要玩!

休息一下

整理老师的金点子

大家听我讲。
好!

哎呀，忘带指挥棒了!
经常忘带东西的小朋友一定要学哦!

把桌子收拾好了，找东西就快了!

收拾好桌子以后

找到了，要把打印资料带去!
嗖

● 不会忘带东西

把打印资料拿出来。
带啦!
带啦!

没收拾桌子的时候

打印资料找不到了!

● 忘带东西

把打印资料拿出来。
不要被发现了……
紧张

整洁
赶紧！
都这么晚了！
什么？什么？
这是怎么了？
要是再忘记写作业……
明天要罚跑操场20圈！
完了，完了……
罚得那么严重，他是有多少天没交作业了……

有这样的好处！

有助于提高成绩哦！
只要桌子保持整洁，
就能马上开始学习！
嗯，对对！
说得真好！
你的问题是不想学习……

再见了，乱七八糟的抽屉

咚
嘭
哥哥……
我要看看你的抽屉。
你想干吗？
我要看看！
摇晃
嘎吱！
我……
语文词典
绘画本
笔记
蜡笔
胶水
……
妈——
别，别喊！

这样整理抽屉

不常用的东西
贴纸
信、明信片
新年快乐
收集的东西，等等
……
文具等其他小东西
橡皮
铅笔
尺子
胶水
胶水
……
小
小
小
中
大
书写用具可以插进笔筒里。
大的东西、存货
字典等重的书
辞典
新笔记本存货
……
稍大一点的文具
彩色铅笔
蜡笔
……
我问你，这个放哪儿？
应该不是放抽屉里。
根据抽屉的深度决定放什么东西。

浅而小的抽屉、中等大小的抽屉

看起来像拼图游戏！
好玩！
上面不要再放东西了哦！
用小盒子、格子把它们隔开，就会变得很整洁！
放满，不留空隙，东西就不会晃动。
可以使用旧的小盒子、带有格子的盒子。

深而大的抽屉

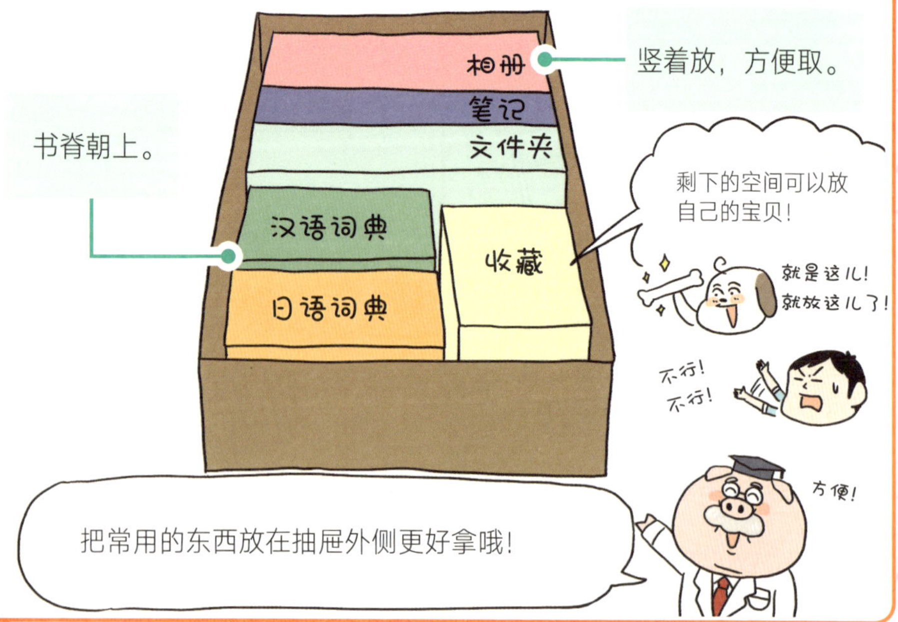
相册
笔记
文件夹
汉语词典
日语词典
收藏
竖着放，方便取。
书脊朝上。
剩下的空间可以放自己的宝贝！
就是这儿！
就放这儿了！
不行！
不行！
方便！
把常用的东西放在抽屉外侧更好拿哦！

完美！
得意
当当！
干得漂亮！
说不定比我的抽屉还整洁。
糟糕——

有这样的好处！
嗯嗯！
把抽屉里的东西整理好，
拿的时候就方便了。

整理进度表

等级 2

整太“整理的能力”有所增加，进度条上涨。

包里原来能装这么多东西

嗯——
劲
使
这本书怎么都塞不进去。
突然出现
咯吱！
咯吱！
咚——
只好放弃语文书了。
语文
算术
通知书
音乐
压扁了
把片仔拿出来！
你在干什么?!
东西不能胡乱往里面塞！
你们什么时候出现的?!
片仔也不该带走……
把所有东西都拿出来，重新放！
快，快放我出去……
好吧。

书包里的东西要这样整理

按照大小往里放

把大小一样的笔记本、课本一起往里放。

打印资料
课本、
笔记本
字典
大的东西贴着背放。
片仔放哪里呢？
住手！
喂！
口袋
打印资料要装入文件夹再往里放，防止产生褶皱哦！
打印资料
纸巾
手帕
铅笔盒
也可以准备一个小袋子，专门装小东西。

小东西放口袋里

手帕、纸巾等小东西分类放入口袋里。

清爽
这下完美了！
片津整太
还没完！
打开铅笔盒给我们看！
我们家的女人太恐怖！
颤抖

铅笔盒里的东西要这样整理

反面案例

- 到处乱放。
- 不能用的，不需要的也放在里面。

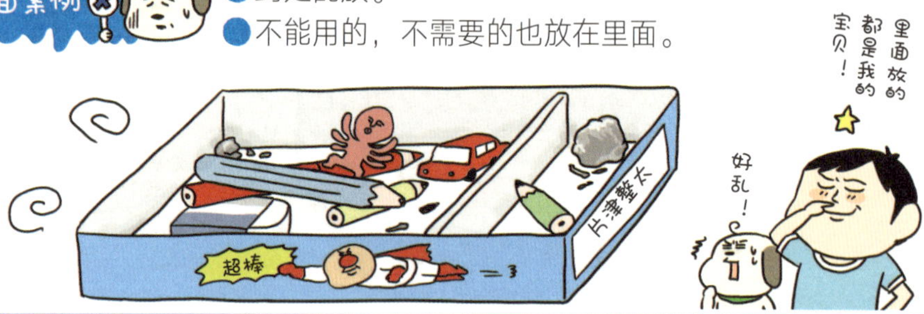
超棒
片津整太
里面放的都是我的宝贝！
好乱！

正面案例

- 只装文具。
- 根据种类分开放。

红
蓝
片津理香
不管是哪种铅笔盒，关键是要好用！
嗯嗯！
还是我的最整洁。

傍晚
我回来啦！
回来啦！
这是给家长的！
放在文件夹里的，没有皱哦。
看看吧！
好的。
真棒，
真……棒？
啊！这个不该给你看！
整太小朋友……
轰
算术 20
请交给家长

有这样的好处！

把书包整理好，
里面的东西不容易受损。
装了好多呢。
东西也更容易取了！
哇！

丽丽和清清的故事 1

完了！
找不到纸巾了……
咯吱咯吱——
掉下来
找到了！
清清，有一个很方便的东西哦！
就是它！
妈妈做给我的。
闪亮
有的包包没有口袋和格子，把小东西放这里面就好找了。
好棒！我也让妈妈给我做一个。
包中包
丽丽
只需要直接放进包包里。
下次就不慌了！

上吧！片仔 2

你好！
你好！
闪亮
啊—
心跳加速
哈哈哈……
和我家狗狗做朋友吧！
天哪！你就是我欣赏的类型！
呃……放过我吧……
你还挺受欢迎的嘛。

我爱这样的书柜

整太，我来啦。
松松，快进来！
怎么样！非常整洁吧？
松松，你好！
整太，你真厉害！
哇～！
有《你好！少年》呢！
你好！少年1
你好！少年2
我看看！
哈哈哈……
不要弄脏了哦。
变身成为亿万富翁了。
没有第3卷哦。
不会吧?!
什么？
书柜太乱了……
我放哪儿去了……
这是什么？
得意猫
嗖——

理香的书柜
微生物百科
日本园艺
世界的建筑
深海鱼大全
黑艺术
宇宙的历史
人类科学
整太的书柜
塞满
妖怪大全2
妖怪大全1
妖怪大全3
往上堆，不好取。
顺序是乱的。
闲人杂志
闲人杂志
闲人杂志
书脊朝里面。
理香的书柜整洁得多呢。
可恶……
啊！
『下次咱们去这里吧……』
松松，你好！
啊，理香！
可恶……我也可以的……
哼！
愤怒中
只要找到窍门！我也可以！
哇——
嗒嗒……

书要这样放

我来教你窍门！
老师——
哈哈！
哈哈！

1 放书的地方

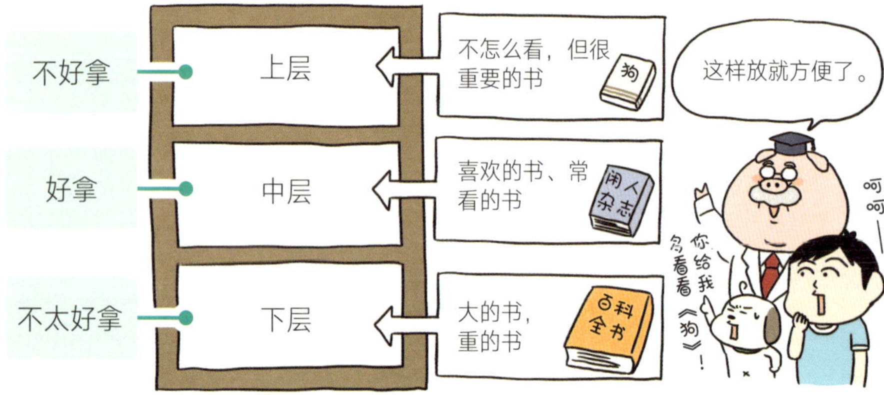

不好拿
上层
不怎么看，但很重要的书
狗
好拿
中层
喜欢的书、常看的书
闲人杂志
不太好拿
下层
大的书，重的书
百科全书
这样放就方便了。
呵呵——
你给我多看看《狗》！

2 书的排列

关于狗
关于狗
喵咪
喵咪
这样看起来好多了。
这里可以展示我的审美能力。
有猫？！

竖着放，按照种类和顺序排列。

书少的话，使用书挡。

剩下的空间也利用起来。

第二天
行啊！排列得很整齐！
嗖——
厉害！
那是当然。
嗯？
哼哼……
请叫我『完美男人整太』。
书皮和里面不同哦……
完美男人……
……

有这样的好处！
你们在听我说吗？
把书柜整理好，
找书更快更容易！
拉面店推荐
不，不是你们想的那样……
写的什么呀？
写给谁的？

衣服也要自己收拾

我走了！
棒球
玩去啦！
把洗好的衣服收起来再去！
真麻烦！
先塞进去再说！
塞呀塞呀
住手！
我走啦！
嗖——
喂！袜子！
真拿他没办法……
咔！
乱七八糟

3个小时后
我回来啦。
今天吃什么？
吃饭前，先教你收拾衣服的方法。
好好地教……
轰隆隆——
谁叫你刚才把我压得那么惨。
啊！

衣服的分类方法
不同的抽屉放不同种类的衣服！
贴上标签更清楚哦！
袜子、秋裤、毛线裤
内衣
内裤、贴身衣物
针织衫、套头衫
上衣
裤子
裤子、裙子
睡衣等
睡衣、运动服
最下面一层不好拿东西，可以放不常用的衣服。

搞定了！
呼
真的吗？
妈妈——
都分好啦。
真的分好了？
咔！
……
乱七八糟
内衣
都按种类分开的哦。
快表扬我！
好像不是分类的问题。
还得教你整理抽屉里的东西。

整理抽屉里的东西

内衣

分类整理

- 把内裤、袜子等分开放

内裤
袜子

你一直把内裤和袜子放一起？天哪！
受到打击

不要拼命往里塞

不乱塞的好处：

- 容易取出
- 不容易皱

皱巴巴
不然，会像老爸一样哦！
满满当当

竖着放

- 上下叠着放，不好拿

找不到喜欢的那条内裤了！

可以利用空盒子和书挡帮助收纳衣物。

休息一下

整理老师的金点子

大家听我讲。
好！

衣服可以这样叠

裙子

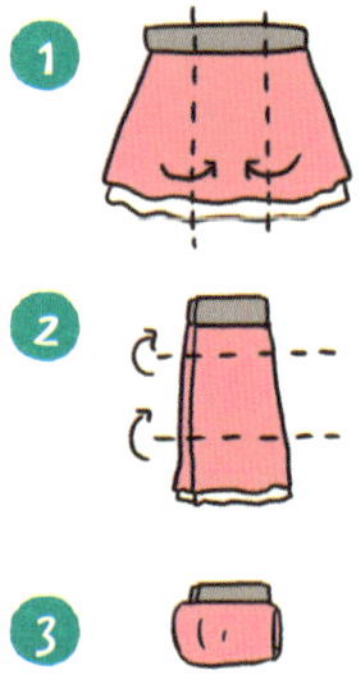

袜子

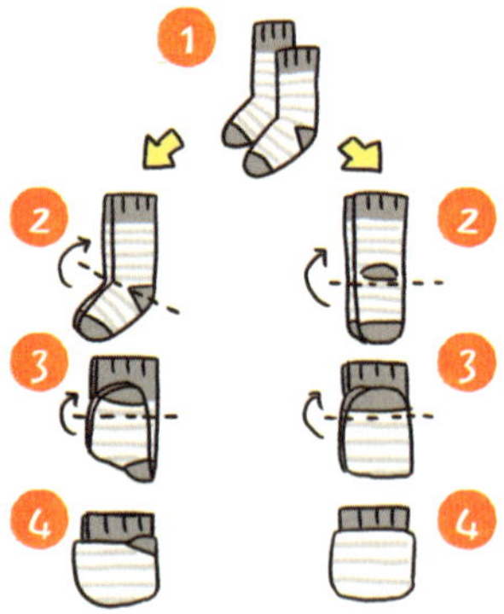

裤子

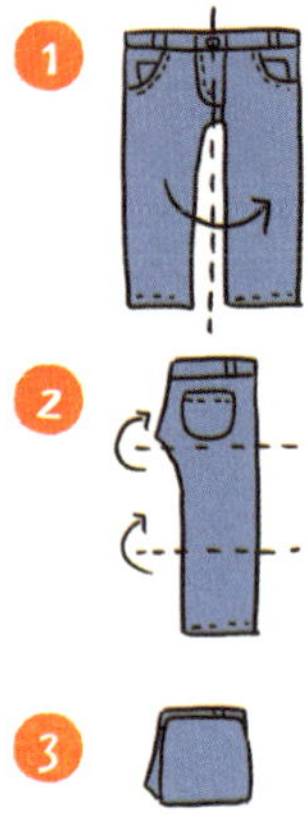

内裤

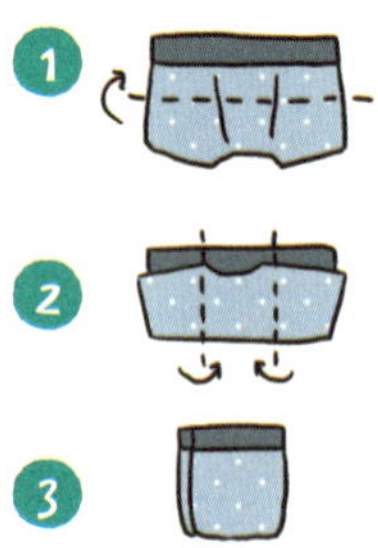

T恤、运动衫

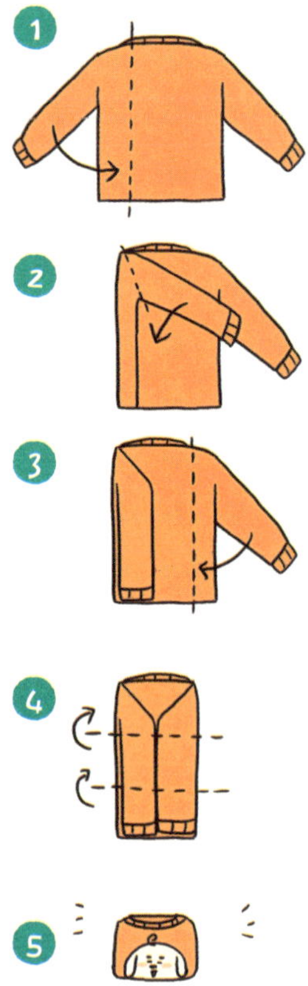

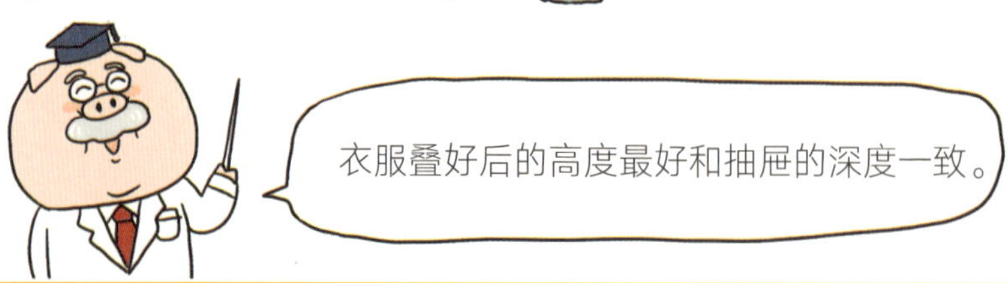
衣服叠好后的高度最好和抽屉的深度一致。

大概就是这个样子吧。
原来你这么能干！
哼哼……
还好没把我收进抽屉里……
呼
整齐！
内衣

有这样的好处！

也不会弄丢袜子了！
把衣服收拾好，
才能学会爱惜东西！
喜欢的衣服能穿得更久哦！

整理进度表

等级2

整太“整理的能力”有所增加，进度条上涨。▼

整太去服装店

整太！理香！
好久不见！
大阪的叔叔！
欢迎您来！
你们都长高了。
好，叔叔带你们买衣服！
好棒！
摸摸头
服装店
叔叔帮你们选。
好！
分类摆放，很方便挑选！
哇！

这件看起来不错呢。
随手一扔！
啊！
!!
迅速
谢谢！
请帮我包起来。
马上就叠起来了！
整齐
我下次再来，再见！
谢谢！

怎样让一天变得充实？

某个周末的上午
无所事事
薯片
当天下午
怎么瞎玩了一整天……
瞎玩中
瞎玩中
要懂得珍惜时间。
时间就是金钱！
话是这么说……
怎么珍惜？
要真能换钱就好了。
学会做一天的计划！
我教你们！
快来吧！
啪！
大脑整理第二课！
再次挑战……
又来了……

1 目前每天的生活安排

先写出固定的安排。

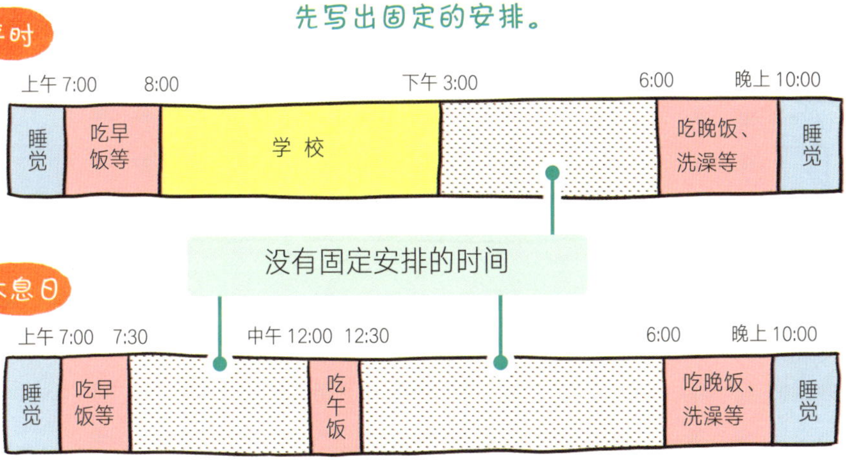

2 写出要做的事情

接下来，把第1项中没提到的

“想完成的事”和“必须做的事”写下来。

平时	完成顺序	休息日	完成顺序
● 写作业	1	● 学习	1
● 自由活动（玩）	4	● 自由活动（玩）	4
● 带片仔散步	3	● 带片仔散步	2
● 上兴趣班（周三、周五）	2	● 帮忙做家务	3

3 安排一天的日程

最后，把第 2 项中写下的事按照优先顺序填入“没有固定安排的时间”里。

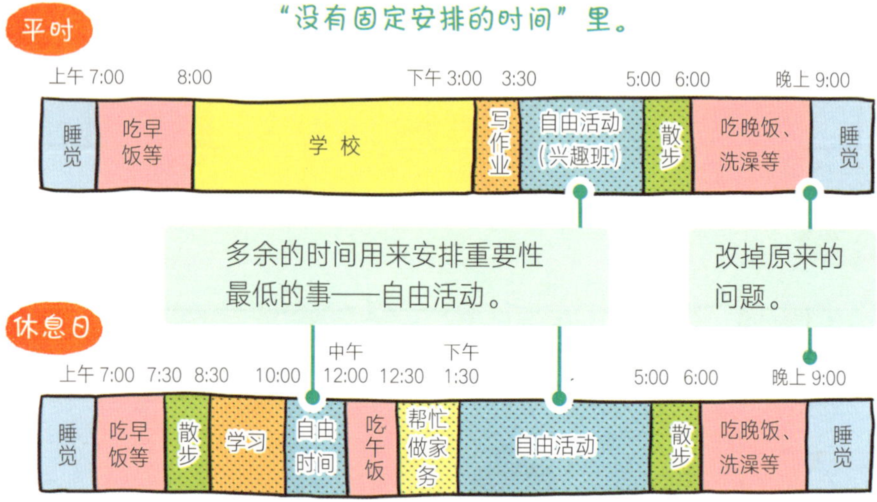

还要注意这两点哦！

- 日程不要安排得太紧。
- 经常进行调整。

得意猫
心满意足
嘀！
日程
丢开
日程写了不照做吗?!
日程写好了！
一天的日程
搞定啦！
儿子，干得好！

有这样的好处！

提前确定一天的安排，
生活变得更加规律。

这是健康的基础哦！
嗯！

还有这个作用！

为了心仪的人，制订计划吧！

紧张
准备带狗狗去公园散步。
真的？我想看看狗狗！
我也去！
明天要一起玩啦。
好呀，好呀。♪
我也去！
受打击
可惜成了这样。
如果不制订计划……
公园
要是提前查一查就好了……
真羡慕，可惜我们没带吃的。
来来来……
可怕！
信不信我把你吃了！
没带吃的来吗？！
有吃的！
山冈
灿烂
阳光
……
很一般啊。
啥也没有啊。
欣赏夕阳的最佳处
毫无气氛
我不着急。
啊！等等！
我该回家了。
唉……
大步流星

如果制订了计划……
约会计划
●给水鸟喂食
傍晚
●在山冈上欣赏风景
要带的
水鸟的食物（面包）
那个山冈的夕阳特别漂亮，气氛简直完美！
回家路上就可以牵手了！
嘻嘻！
你可真行！
公园
肚子饿了……
好可爱！
我可是有备而来！
啊？！
惊吓
山冈
嗯！
好美！
就是现在！
紧张
成功！
什么？！
你什么时候……
脸红
今天真开心。
整太，你可真主动……

制订计划，可以让事情进展得更顺利！

➡ 一整天都过得更开心！

我要完成我的目标

嘎——
嘚——
嗯?!
吓一跳
哐——
嘣——
什么声音?!
整太在练习口风琴。
下个月音乐会要上台表演。
唉!还是不行……
咚——
到底怎样才能吹得好?
无精打采
哭
不是还有一个月吗?
我想马上就学会!
这样子下去,到时候会丢脸的。
不要着急。
慢慢来哦。
别灰心!
啊,超有自信的样子!

想要完成目标，
咔嚓！
必须先制订计划！
嗨哟！
制订计划，最重要的是——
嗖——
在什么时间之前，
完成什么事情。
哦——
你写在纸条上看。
要完成的事情
下个月音乐会之前
学会演奏口风琴
完成的时间
嗯！
非常好！
进行下一步吧！
嘿嘿，感觉有信心了。
单纯就是好呀。

制订具体的计划

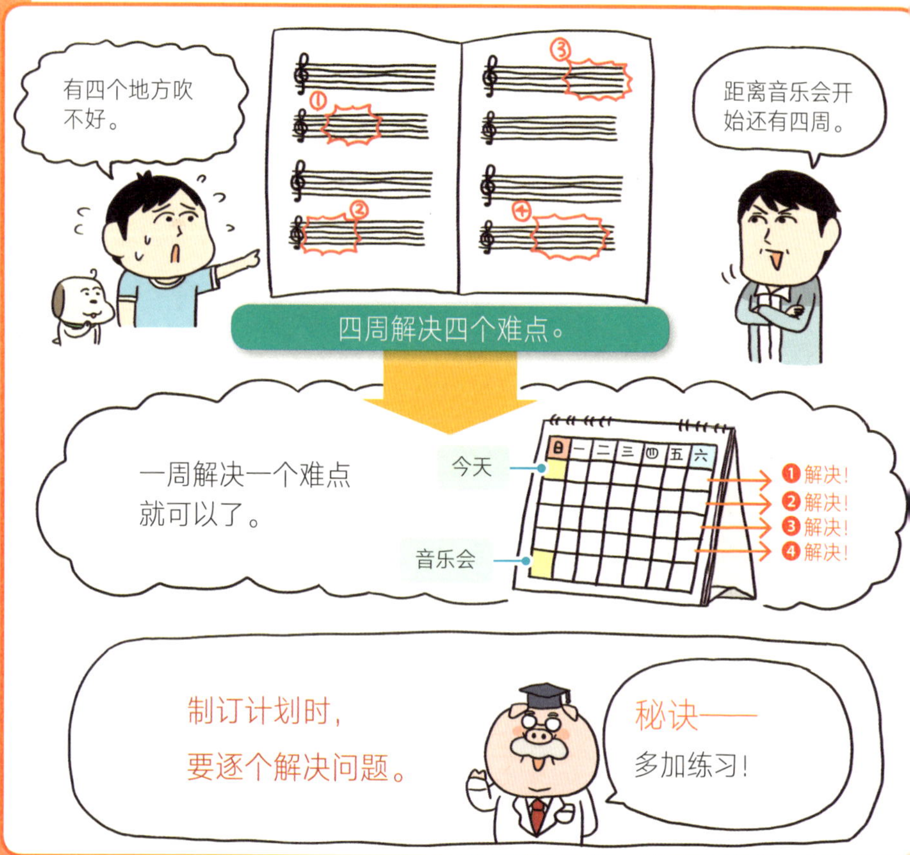

有四个地方吹不好。
①
②
③
④
距离音乐会开始还有四周。
四周解决四个难点。
一周解决一个难点就可以了。
今天
音乐会
日 一 二 三 四 五 六
❶解决！
❷解决！
❸解决！
❹解决！
制订计划时，
要逐个解决问题。
秘诀——
多加练习！

音乐会前一天
学会了！
很好！
橘子
完全没走调呢。
吹得不错哦！
4
3
2
1
啵
嘀
哆来咪~
完美！

音乐会当天
怎么了？
不动了？
因为过分紧张
站着晕过去了……
辛苦练习一个月，还是没能发挥出来。

有这样的好处！

先制订计划，
才能一步一步地实现目标！
有计划才有干劲儿。
我就是一步一步努力过来的。
虽然结果有点……

还有这个作用！

成为未来的运动健将！

整太的梦想是——
加油！
成为职业棒球选手。
我要努力！
加油！职业棒球选手整太！
为了实现梦想，制订计划！
坚持
干劲儿十足嘛。
职业选手必须有足够的体力……
嗯——
坚持
半吊子可不行。
决定了！从今天开始，每天完成这些！
坚持
啪！
每天的任务
仰卧起坐 100 次
俯 卧 撑 100 次
挥棒练习 100 次
当当——
不得了！

第一天
仰卧起坐 100 次
噢——
坚持
哈——
加油！
俯卧撑 100 次
哦——
还差得远呢！
第二天
挥棒练习 0 次
今天的挥棒练习就不做了……
抽筋
站起来！
整太！
停止练习！
肌肉酸痛，休息一天……
坚持
软绵绵

为了不让事情发展成那样，

先制订一个小目标！

目标不能太大哦。
嗯！

下个月棒球大赛取得冠军！
5秒跑完50米！

制订适合自己的练习日程

1 写出一天要练习的项目

仰卧起坐 20 次

俯卧撑 20 次

挥棒练习 30 次

大概就是这样。
差不多吧。

关键

- 不要强求
- 逐渐增加

2 形成一天的练习日程

上午

7:00 起床

吃早饭

早：仰卧起坐 10 次、俯卧撑 10 次

学校

下午

3:00 写作业

下午：挥棒练习 30 次

自由活动

带片仔散步

6:00 吃晚饭

傍晚：仰卧起坐 10 次、俯卧撑 10 次

晚上

洗澡

9:00 就寝

关键

- 如果一次完成有难度，就分为多次

老师，肌肉酸痛，没办法写字……
……

- 不要影响其他事情

- 安排休息的日子

（比如，练一天休息一天。）

好的，练一天休息十天！
你还好意思说！

3 经常调整练习日程

仰卧起坐 20 次
俯卧撑 20 次
挥棒练习 30 次
50 次
能做这么多了！

逐渐适应后，根据自身能力调整。

咳咳！
还有10次仰卧起坐没有完成……
你给我好好躺着！

根据体力和身体状况合理安排。

达成一个目标后，
再制订一个新的目标。

职业选手
一步一步前进。
踏踏实实
这就是“进步”！
职业选手成长之路

完成暑假作业的窍门

暑假第一天
我回来了。
肚子好饿。
啪！
打棒球倒也不错，
作业不能等到最后！
啪！
作业也要做哦！
我都计划好了！
每天完成两页就可以了！
暑假 40天
算术 40页
习字 40页
一天一页
一天一页
一天两页
别的呢？
除了习题册，还有吧。
啊？别的？
还有什么啊？
我想想……
手工课的作业之类的。
好好制订你的计划。
不然，到时候……
暑假最后一天
作业来不及写了。
算了，放弃吧。
一片
空白
严厉批评
新学期
对不起！

喂，松松吗？
嗯！
老师布置了些什么作业啊？
你自己不知道吗？
问清楚了！
我来做一张计划表。
咔嚓！
不问也该知道的……
每天 算术、习字各一页
日期 要做的事
7/23 读书
24
25
26
27
28
29 作文
30
日期 要做的事
8/6 兴趣研究
7
8
9
10
11
12
13
14
15 手工
16
17
18
19
做好了！
不错嘛。
呼——
搞定了。
今天到此为止吧。
今天的作业不做了吗？
啊！
被发现了……
给我回来！
光有计划，不好好执行也是不行的！
真是的……

按照计划完成作业的三个好办法

制订了计划却不能按计划执行的小朋友，来试试吧。

办法一 向终点出发！ 作业游戏棋

做一个游戏棋吧

1. 格子数与暑假的天数一样多。
2. 完成计划，就贴上一颗星。

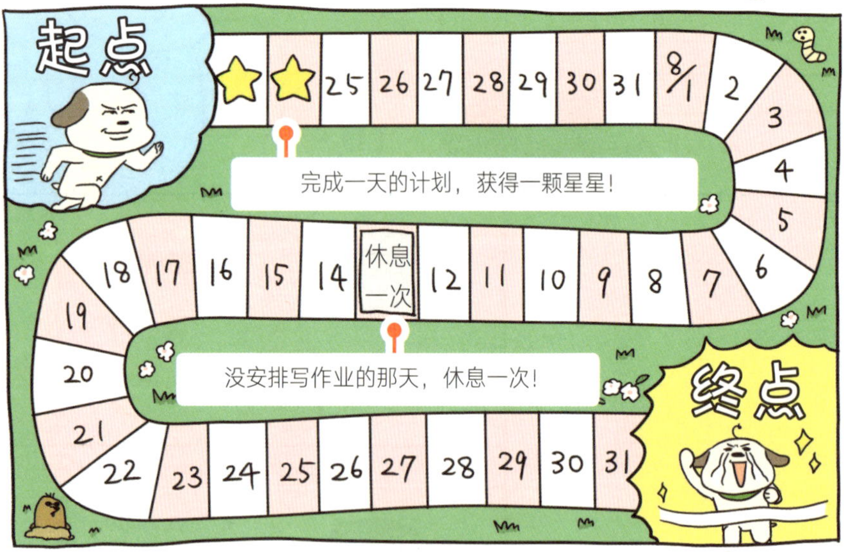
起点
25 26 27 28 29 30 31 8/1 2 3 4 5 6 7 8 9 10 11 12
休息一次
14 15 16 17 18 19 20 21 22 23 24 25 26 27 28 29 30 31
终点
完成一天的计划，获得一颗星星！
没安排写作业的那天，休息一次！

我把今天和明天的都做完了。
那就贴两颗星！
所有格子都贴上星星，就到达终点啦！

办法二 最大的敌人是你自己! 对自己狠一点

告诉自己："完成今天的作业才能做某事。"
写完作业才能吃零食!
看完漫画再写作业……
反了，反了!

办法三 妈妈，求你了! 对自己好一点

我保证按照计划完成作业，请增加我玩游戏的时间吧!
求求你!
要说到做到哦!
如果你坚持了一周，就延长一个小时!
不过，要是没做到，就禁玩一天!
讨个奖赏，更有动力哦!
没有退路了!
坚持
坚持
轰——

休息一下

整理老师的金点子

大家听我讲。
好！

为了尽快完成作业，必须要尽早制订一个好的计划！

制订计划的窍门

- 事情不要安排得太满。
- 工作量大的话，每天做一点。
- 越是花时间的事，越要早点开始做。

旅行或外出等不在家的日子，定为“不做作业日”。
爸爸！让我每天跟着你出门吧！
我出门是去上班……
我倒是想过个暑假……

现在！马上！
为什么我总是挨揍?!
快写作业！
还是这招最管用……
这张！
又在玩儿！

有这样的好处！
嗯。
我写完了，母亲大人。
制订计划并认真执行，
作业再多也不怕！

整理进度表

等级2

整太“整理的能力”有所增加，进度条上涨。

丽丽和清清的故事 2

唉……
怎么了？
美术课的作业画不出来。
那咱们一起画吧！
互画肖像
这个真有意思。
要画可爱一点哦。
画好了！
丽丽
清清
我这个没法看……
流汗
清清好厉害！
清清
丽丽

整理进度表升级：掌握“整理的能力”

升级 ★★☆

掌握“整理的能力”!

整理的能力是指

1. 把东西整理得更便于使用
2. 把事情整理得更清晰易懂
3. 把计划整理得更易于完成

不想再看到你们!
把你们都收拾了。
啪
啪

升级

整太升级了！掌握了“整理的能力”！▼

把东西整理得更便于使用

没整理好，使用不便……

之前
课本好像
在书柜里？
真麻烦！
尺子在哪里？
打印资料在抽
屉最里面……
抽屉拉不
出来……
嘎吱咯吱！
嘎——
影响情绪
不想做了……
唉……

整理好了，非常方便！

之后
课本！
打印资料！
嗖嗖嗖！
尺子！
不影响情绪
学习进步
神速。

整理的能力发挥作用！2

把事情整理得清晰易懂

不会整理笔记……

之前
昆虫的腿有六条，全都长在胸部。
昆虫的身体
随便记一记吧。
昆虫的身体
六条 全部 胸部 腿
我记的这些是什么意思啊？
笔记本

笔记整理得很好！

之后
六条腿都长在胸部，头和腹部没有腿哦。
昆虫的身体
好好记下来，以后一看就懂。
昆虫的身体
胸部有六条腿
头、腹部没有
看笔记就能复习了！
笔记本

整理的能力发挥作用！ 3

把计划
整理得更易于完成

整理的能力对
大人也很重要！

不会整理计划……

之前
上司
下周末之前交给我。
应该没问题吧。
下周再弄……
咚
片津，还没弄好？
来不及了！
呜呜！

整理好计划！

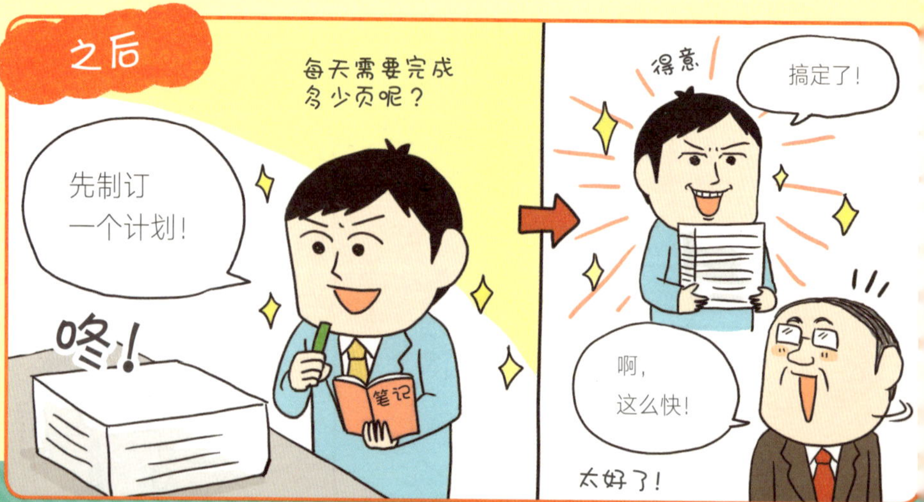

之后
先制订一个计划！
每天需要完成多少页呢？
咚！
笔记
得意
搞定了！
啊，这么快！
太好了！

第3章

整洁的状态需要保持

坚持的能力

真正的整理是保持

啊哈……
啊哈……
哈哈哈……
闲人杂志
狗狗漫画
今天出去吃饭。
太好了！
穿哪件出门呢？
汉堡包、炸大虾……
咔
这个？
还是那个吧。
小青蛙
哐——
好丑！
就这件！
忍者
快点哦。
来啦——
一会儿再收拾。
下级忍者
嗒嗒！

等等！

如果不能保持整洁的状态，整理就算是白做了

停下！
汉堡包！
我们先走了哦。

注意这两点，有这样的好处。

整理完后须注意的事

- 不要拿出来就不管了！
- 要放回原来的地方！

垃圾无处藏身！

啊！有垃圾！
马上扔掉！
闪亮
闪亮
不能扔啊！

很清楚东西该放回哪里！

放那儿！
拿反了！

休息一下

整理老师的金点子

大家听我讲。
好!

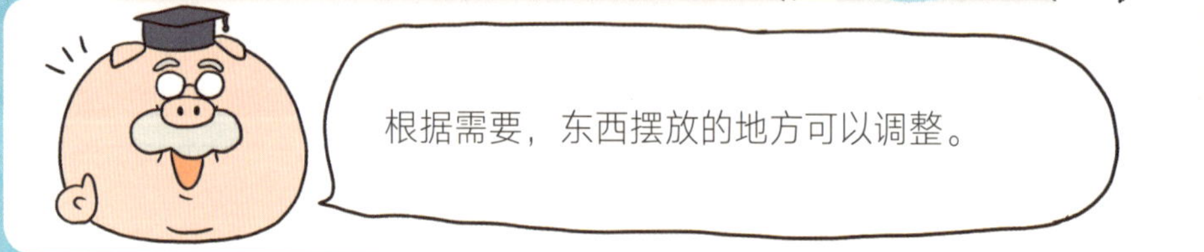

根据需要，东西摆放的地方可以调整。

替换常用的东西

谁叫你不用的!
词典其实没怎么用。
宝箱
词典很有用的!
换成《闲人杂志》吧。

随季节调整

衣服该换季了。
我一年到头什么都不穿!
瑟瑟
该换成长袖了……
发抖
升到新的年级，课本也需要替换哦。

用完后马上放回原处！
你们！
毫无破绽！
偷看了我的日记！
你怎么知道？！
我们不是放回去了吗？
留下了线索……
片仔的脚印
薯片渣
啊……

有这样的好处！
以后就轻松了。
每次都立刻放回原处，
会大大缩短收拾的时间！
开始学习！
看，我什么都没放。
干净得很！
闪亮

一动不动
!?
!?
整太的桌子
沙沙……
果然……
哥哥！
转身
怎……怎么了？
全是灰！
脏死了！
即便完成了整理，
叮——
但不保持清洁，也会前功尽弃的。
闪光

所以，
大扫除吧！
赶走灰尘！
那是妈妈的眼镜。
跟老妈一模一样……
快去换衣服！
跑！
还要换衣服？
来真的呀？

大扫除时的穿着

轮到我出场了！

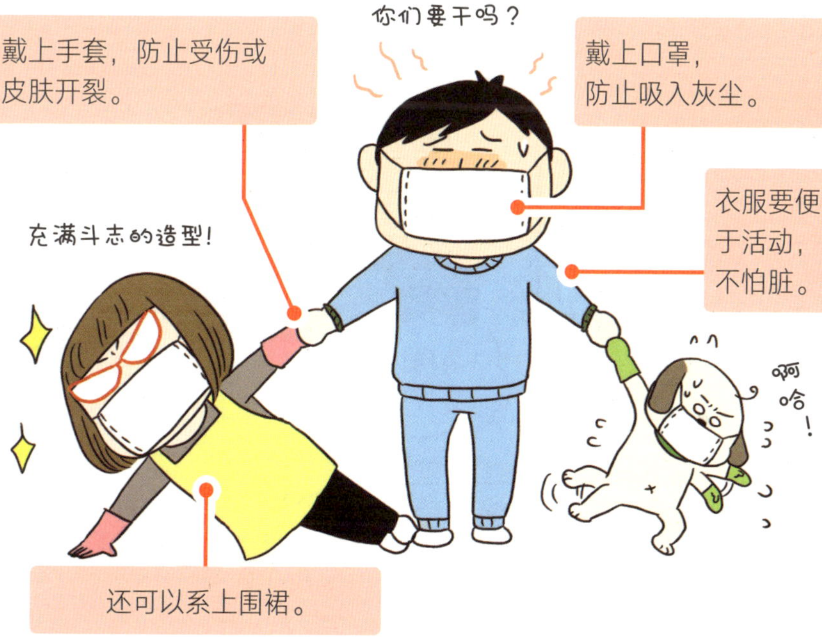

你们要干吗？
充满斗志的造型！
啊哈！

戴上手套，防止受伤或皮肤开裂。

戴上口罩，防止吸入灰尘。

衣服要便于活动，不怕脏。

还可以系上围裙。

家具要这样打扫

把桌子、书柜、抽屉柜擦干净。

竖着拧，更省力。

准备抹布

桶里装水
浸湿抹布
拧干使用

呜啦，呜啦！
哟吼——
喂！认真点！

擦的基本顺序

由上到下

擦书桌时先擦书架。

由远到近

每一个地方都要擦到。

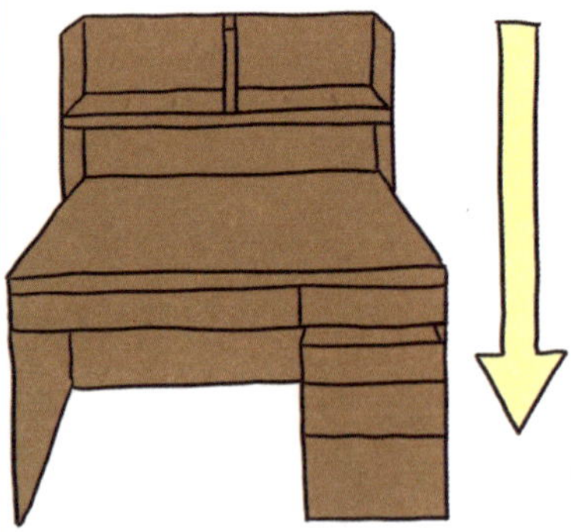

边角也要
好好擦。
不能像
这样哦！
他就是
这样的……

书柜、抽屉柜也是按照“由上到下”“由远到近”的顺序擦。

窗户要这样打扫

玻璃窗要先打湿，后擦干。

1 打湿

建议使用的工具
拧得特别干的抹布
喷壶

2 擦干

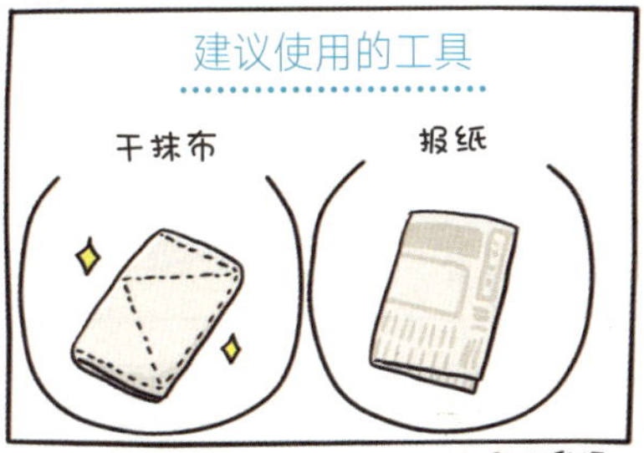

建议使用的工具
干抹布
报纸

擦玻璃的顺序也是“由上到下”哦！
真的要用报纸？！
因为窗户会变得很亮的！
找到报纸啦！
那份我还没看过呢！
用一次性筷子清洁缝隙。
打扫时，将筷子裹上布。

为什么要“由上到下”呢？
因为如果先擦了下面，那上面的水流下来会把下面又弄脏。
脏水
往下流
啊！
刚擦过又脏了……
就像这样！

可——
下一步！
还有？
可怕……
干净
还可以吧？
真能干！

这样打扫地板

最后，用吸尘器打扫整个屋子。

配合完美！
请！
能挪动的东西都挪开！
好像吸到了什么东西！
轰隆隆隆——
嗖——
不要忘记桌子下面！
如果是木地板，
可以用抹布或拖把擦洗。
嗒——

抹布可以用旧的布料替代。
旧衣服
剪掉
生活小常识哦。
嗯？
那不是我最喜欢的T恤吗?!
这……
你喜欢那件呀？
哇——

有这样的好处！
打扫卫生，可以让心情更愉快，房间更明亮！
啊，亮得睁不开眼！

整理进度表

等级3

整太“坚持的能力”有所增加，进度条上涨。

还有这个作用！

打扫和收拾，让生活更健康、更安全！

如果不做卫生……

积累灰尘
长霉
成为螨虫等的温床
沙沙！
ダニ
咳咳！
总觉得不舒服。
还可能引起过敏！
虽然肉眼看不到，但其实很多地方充满了尘螨、霉菌。
很可怕的。
真恐怖……
啊？！
三秒定律
噢
病从口入

如果不收拾……

东西掉下来会发生危险！
嗯嗯。
哈哈哈，没那么夸张吧。
咚！
啊！
碎！
当
语文词典
当！
就是这样……
颤抖
颤抖

如果做好了卫生……

就能健康生活。

扔啦，扔啦。
垃圾桶
丢垃圾。
那个不要扔！

打扫……

当当——
干净真好！

如果把东西收拾好了……

就不会受伤。

左挥
右挥
嗖——
连挥棒练习都可以做！

滚来滚去
好舒服，自由自在！
呃！

你想杀了我吗？！
啊——
安全的生活！

谁说收拾餐桌是妈妈一个人的事？

我吃完啦！
噌
看电视啦——♪
回来！
嗖——
轰隆——
可——
饭后的收拾，你怎么看？
又来了！
饭后的……
收拾？
那，那不是妈妈的事吗？
抖
您自己说的……
真有勇气……
自己用过的东西自己收拾！
我知道！
100分！

本来要看棒球赛的……
叮叮——
当当
呵呵！
大家一起帮忙，很快就弄好了。
得意
得意
气死了！

把用过的餐具送进厨房吧。

正面案例

非常放心！

- 每次搬运适量的餐具。
- 相同形状的可以叠起来。
- 不要发出噪声。

反面案例

哈哈！
哈哈！
危险！

- 一次搬太多。
- 什么东西都叠在一起。
- 边走边发出哐啷的声响。

盘子其实不好用……
摇摇

沾了调味酱和油污的盘子不要叠一起哦。

擦桌子

●餐具都收走以后

用拧干的抹布认真擦桌子。

快帮忙!
好——
还可以用酒精喷雾消毒哦!
酒精

洗餐具前

嘿!
用太多了……
纸巾

大的锅、菜刀等危险物品交给大人处理。

先用厨房纸巾把调味酱、油污等擦掉。

每个家庭的方法不同，问问爸爸妈妈吧。

开始吧！
赶紧洗了，还能看球赛！
不好好洗的话，要重洗哦。
微笑
哦……

洗餐具

哇
哈哈哈哈！

把洗洁精倒在洗碗棉上，制造出泡沫。

整太，
后面，后面！

用清水冲洗餐具这步放到最后，一起进行。
更省水哦。

洗餐具的顺序
不太脏的
特别脏的
1 玻璃制品
2 木制的碗筷
3 没沾油的餐具
4 沾了油的餐具

先洗容易碎的玻璃餐具和不能用水泡太久的木制餐具。

洗碗棉最后洗，以防上面的油沾到别的东西上。

看球赛！
结束啦——
嗒嗒嗒！
呀！
等等。
还有哦。
我的棒球赛！
扎
放开我……
挣

收拾餐具

用干净的毛巾擦干餐具后，放进橱柜里。

收拾的原则 ➡
- 放回原来的地方。
- 相同的东西放在一起。

注意事项 ➡
- 小心轻放。
- 不要叠太高。

与收拾书柜和桌子的方式是一样的。
聪明！

作业做了吗？
需要我也全垒『打』吗？
加油！
来个全垒打！
整太
3

有这样的好处！
妈妈一定
特别开心。
饭后帮着收拾，妈妈会夸奖的。
偷偷观察
桌子挺干净的，
我就在这儿写作业。
看看书吧。
悄悄地
你是想看
棒球吧？
嘿嘿！

大家共用的空间也要整理好

作业写完啦！
玩游戏吧！
好啊！
算术
咚咚！
不错，不错！
整洁
我回来了。
呼—
啊！
乱七八糟
啊，要输了！
嘿嘿！
气死我了！
稍微收拾一下啊！
房间收拾好了呀。
嗯。
不仅仅是
自己的房间！
哼！

整理客厅

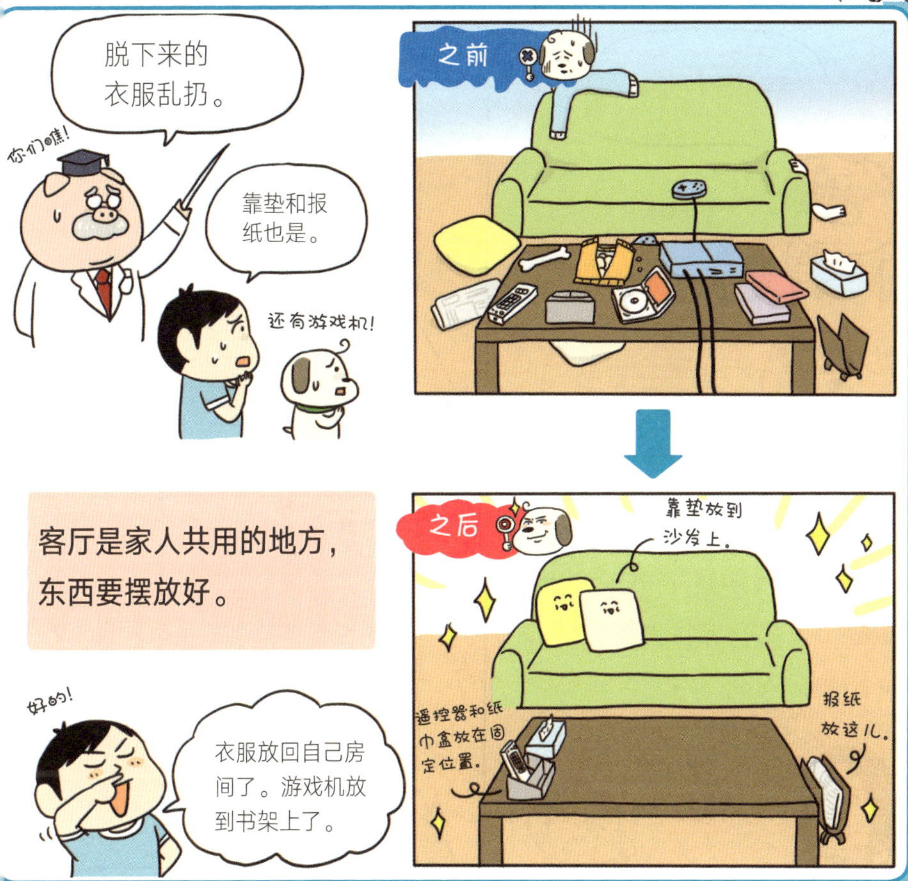
脱下来的衣服乱扔。
你们瞧！
靠垫和报纸也是。
还有游戏机！
之前
之后
靠垫放到沙发上。
遥控器和纸巾盒放在固定位置。
报纸放这儿。
客厅是家人共用的地方，东西要摆放好。
好的！
衣服放回自己房间了。游戏机放到书架上了。

收拾好了！
咱们看电视去吧。
看电视之前，
先看看玄关吧。
啊……

整理玄关

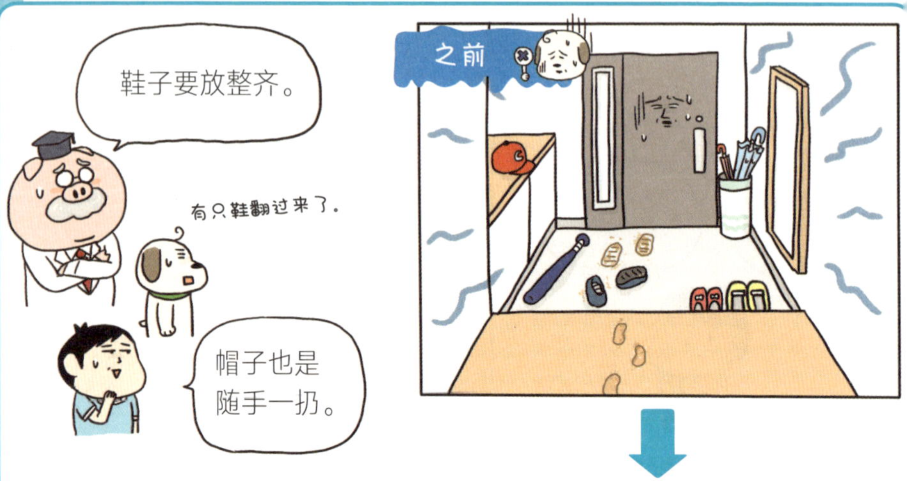
鞋子要放整齐。
有只鞋翻过来了。
帽子也是随手一扔。
之前

先在外面把鞋底的泥弄掉。另外，袜子脏了也不能进屋，不然会弄脏家里。

之后

你知道的，做卫生很辛苦。
对不起！

厕所是怎么回事？！
快去弄干净！
一波未平，一波又起……
?!
哥哥！
大吼
呼——

用完卫生间，要整理好

弄脏了或者水溅出来了，要自己擦干净。
你居然没冲水！
太过分了！
不知怎么就忘了……

之前
臭死了！
厕纸没了。
之后
像这样摆好，方便穿。
下一个人还要用厕纸的。

厕纸用完了要换上新的。
拖鞋也要摆好。

我还知道要把马桶盖盖上！
哈哈！
你这个不冲厕所的家伙！还挺得意……

晚上
我爱洗澡，好多泡泡。
天哪！
整太！

用完浴室，也要整理

你看看淋浴头、凳子和脸盆摆放的地方。
看起来是没收拾好。
狡辩！
完全没收拾……

之前

之后
把淋浴头挂好。
盖上浴缸盖子。
凳子、脸盆放到角落里。

用水把地上的泡沫冲干净，以免滑倒。

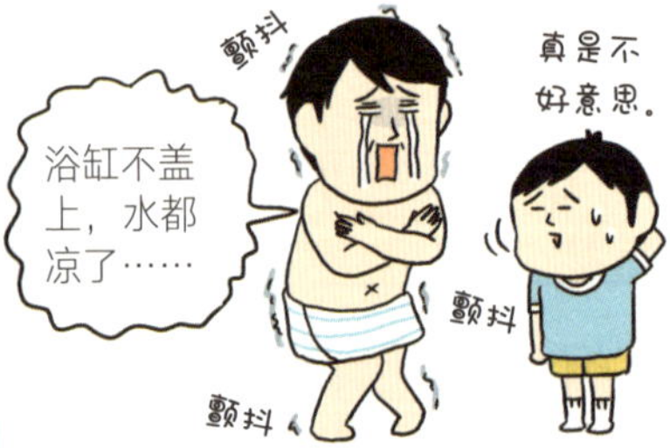

颤抖
浴缸不盖上，水都凉了……
颤抖
颤抖
真是不好意思。

还有更衣室

换下的衣服和用过的浴巾不要乱扔哦！

真舒服！

刷完牙再睡哦！
哈—啊
用完洗脸池后，
也要记得整理哦。
相信你哟。

用完洗脸池，也要整理

这是平时的状态，你应该知道哪里不对吧。
牙膏乱放！
溅出来的水也没擦。
之前
头发
牙膏
水

头发等垃圾会堵塞排水口，要扔进垃圾桶里。

之后
大家共用的东西要放回固定的地方。
垃圾扔进垃圾桶。

水龙头要拧紧哦。
遵命！

休息一下

整理老师的金点子

大家听我讲。
好!

大家共用的地方，要注意：

多为下一个使用的人着想!

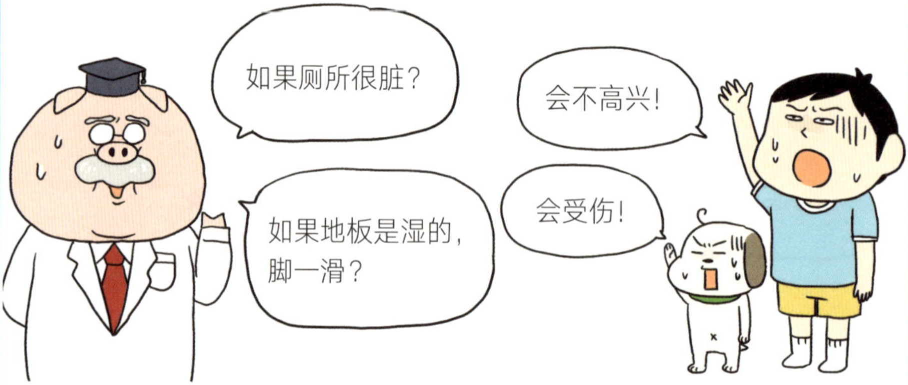

如果厕所很脏？
会不高兴!
如果地板是湿的，脚一滑？
会受伤!

让大家生活得更安全，心情更愉快!

不论在哪里，都应该注意的事

- 关门
- 关灯
- 扔垃圾

嘻嘻!
魔鬼会从门缝里钻进来哟……
关……关门!

半夜
厕所……
噌!
嘿—
什什么?……
嗯—
鬼?
啊—
因为你说要把水龙头拧紧……
啊，妈妈!
拧不开
整太……

有这样的好处!

把大家共用的地方整理好，是关心他人的表现!

你们要干吗?
老师，请坐!
您喝茶!

整理进度表

等级3

整太“坚持的能力”有所增加，进度条上涨。

还有这个作用!

心中有他人!

多为下一个使用的人着想，是关心他人的表现。

谢谢!
我懂了。

整太太乖了。
玄关
我把鞋放好了。
啊，整太换了纸。
整太
厕所
……
整太
浴室
关心他人的形象已经树立起来了。
总觉得哪里不对劲儿……

这是关键！

最重要的是为他人着想的“心”。

我就知道……
爸爸，给点零花钱吧。

关心他人不是为了显摆。
要低调。

呀！
男人要少说话，多做事。
把大家的鞋摆好。
厕所礼仪
呼——真舒服。
喷
滋
消臭
好臭！
冲水声
清理浴缸里的垃圾。
悄悄帮他收拾了。
这孩子长大了。
知道帮爸爸收拾了。
爸爸的头发。
关心爱犬
我帮你！
我帮你！
沙沙
用力！
哈哈！
不需要你帮忙！
即使不是自己弄脏弄乱的，也应该收拾好，方便下一个人使用。

学会记账，零花钱越来越多

点心店
啊！就买这点？
减肥？
这叫节约！
我才不胖！
我去趟书店。
我先走啦。
我去买《闲人杂志》。
书店
《你好！少年》出新刊了！
你好！少年
今日发售
啊！
可是，钱不够了。
闲人杂志
我回来了！
妈妈，我要零花钱！
昨天不是给了吗？
这么着急啊?!
嗒嗒嗒！
只剩4元了。
因为买了这个。
闲人杂志
啊？
只剩那么点了?!
哇—

你得记账！
为什么？
钱会变多吗？
傻子！
听好了！
记录自己的零花钱，
是在大脑里进行整理！

记账的目的

- 清楚自己在什么时候买了什么东西，买了多少，还要知道自己剩多少钱。
- 更合理地使用手里的零花钱。

下次发零花钱之前，手里的钱该怎么安排，必须在大脑里进行整理，才会有答案。
原来钱不会变多呀……
那还用说。

很遗憾。
用笔记本做一个就行。
笔记本
呃！
好，那买记账本的钱总得给我吧。
嘿嘿——
还想着买漫画。

制作记账本

用线条将笔记本分成这几个项目。

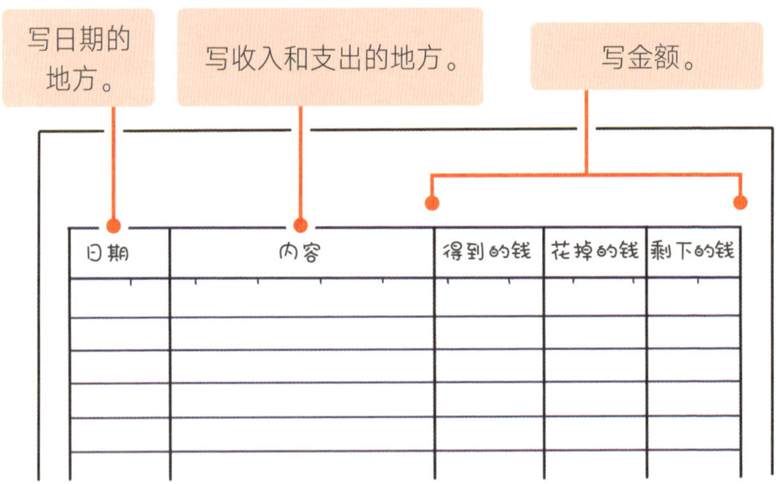
写日期的地方。
写收入和支出的地方。
写金额。
日期
内容
得到的钱
花掉的钱
剩下的钱

只要得了钱，或者用了钱，记得当天记下来哦。
估计你会忘。
是啊，上岁数了没办法。

记一笔试试！
嗯？
日期 内容 收入 支出 余额
9/26 零花钱 50万元 50万元
沙沙——
…
给我好好记！
梦想还是要有的嘛！
揪耳朵
真是个傻子。

这样记账

日期	内容	收入	支出	余额
9/26	零花钱	50元		50元
9/27	漫画		30元	20元
9/27	零食		14元	6元

50元（上次剩下的钱）－ 30元（用掉的钱）＝ 20元（剩下的钱）

6元：现在的钱

- 大人给的跑腿钱、零花钱，要记下来哦。
- 买的东西如果是大人付钱就不用记。

只记录从自己钱包里拿出和收进的钱。
这个呢？
儿童银行 10000元
那个就不是钱。

休息一下

整理老师的金点子

大家听我讲。
好!

大人挣钱很辛苦，不要乱花。

不买没用的东西

买之前，认真想想是不是有必要买!

晃
晃
摇头
看门狗
120元
我要买那个!
长得像片仔!
不许买!
不需要!
也不像我!

零花钱不用非得花光，
剩下的可以存起来!
送你一个我
做的存钱罐。
剩了钱一定
存起来!
让你积
极存钱!
如果，万一，不小
心剩了钱的话……

那个……我的零花钱能不能……
不能。
搓手
爸爸也开始记账吧。
在大脑里进行整理哦。
你们得意什么？
怒

有这样的好处！

记账可以避免乱花钱，存下更多的钱！
懂得钱的宝贵。
不要乱花哟。
谢谢！绝不乱花。
哈哈——
记住你说的话！
拿着，零花钱。

还有这个作用！

终于买到一直想要的东西啦！

不要
乱花哟。
有钱用了！
太好了！

不记账的时候……
真有钱呀！
30 元呢。
这个
我买了。
一大堆
如果花钱没有计划，将来会很惨的。
很惨？
这个月穷得叮当响。
嗖——
我饿了！
空了！
就像这样……
天哪！
天哪！

有了记账的好习惯……

厉害!
这个月存了6元!
几个月后
你好!少年⑥
太棒啦!
我也要看!
用存的钱买的!
只要坚持下去，以后……
整太的城堡
片仔

通过记账，把钱存下来，就能买到最想要的东西。

1元
我也在存钱哦!

写完日记，神清气爽

丁零零—
同学们，
从今天开始，每天写日记吧。
啊——
写什么好呢？
七嘴八舌
什么都行，试着把一天的事写下来。
通过写日记，
可以对一天发生的事和自己思考的事进行梳理！
梳理？就是……整理的意思？

就是说……
写日记相当于对大脑进行整理！
我就是个天才！
升级之后果然不一样！
嘻嘻……
呵呵呵……
来吧！写日记，
继续升级吧！
哟！
突然起立
你……你说什么？
啊，没，没什么……
不用理我……

写什么?

不需要把一天的事情都写下来，
主要写印象深刻的事就可以。

之前

早上起床，吃饭，去学校。上了语文、算术、体育和社会课。回家吃零食，和松松玩。最后，吃了晚饭。

之后

今天，体育课的项目是单杠。我第一次完成了翻转上杠。

啊!
内裤露出来了!
哈哈哈——
刺啦——
我的完美发挥没有写出来。
嗯——
噗——
相当完美——

某天放学后
今天可以写打棒球的事。
喂——
整太，接着！
发呆
咚！
喂！
好痛！
你在干吗？

写自己的想法和感受

不只写当天看到或发生的事，
还可以写自己的想法和心情。

之前

和隔壁班打棒球，由于我的失误，对方反败为胜。

之后

和隔壁班打棒球，由于我的失误，对方反败为胜。我特别不甘心，下次比赛一定要赢。

不甘心……
就是要把这种心情写出来!
加油!

几天后
换座位
啊，整太！
丽丽坐我旁边！
请多关照！
嘿嘿。
也请你多关照。
希望他上课的时候安静些。

写具体的内容

之一

加入对话，让内容更丰富。

之前

换座位后，我坐到了丽丽旁边。我们相互打了招呼。

之后

换座位后，我坐到了丽丽旁边。我说："请多关照！"她回答说："也请你多关照。"

嘿嘿！
我们关系会越来越好。
你上课时可不要讲话哦。

又过了几天
点心做好啦！
来了！
太好了！
今天的特别好吃哦！
隆重登场
哼哼
这个看起来……
呃——

写具体的内容

之二

加入对方或大家的表现。

之前

妈妈做了蛋糕，比想象中的好吃，我吃了两个。

之后

妈妈做了蛋糕，比想象中的好吃，我吃了两个。妈妈可高兴了。

（虽然看起来不怎么样）
真好吃！
吧唧——
吧唧——
下次再做！
妈妈，
我的呢？

休息一下

整理老师的金点子

大家听我讲。
好！

要点1 认真观察

➡才能写出自己的想法和感受。

➡才能正确把握事物的细节。

花开了，小小的，
粉色的。
真美。
快走！

要点2 坚持每天写

➡就能把事情概括清楚。

➡就能轻松地写出很长的文章。

坚持就是胜利。
哼哼——

我要写
很长很长！
啊啊啊啊啊——
也不是
越长越好……

今天写什么好呢？
啊！
嗯？
哦！
就写这个！
绝对不许写……
不好意思。

有这样的好处！
写完日记，结束一天的生活，充满期待地迎接新的一天！
心情舒畅！
明天接着努力！

整理进度表

等级3

整太“坚持的能力”有所增加，进度条上涨。

▼

还有这个作用！

作文越写越好！

坚持每天写日记，作文越写越好！

我也越写越好了。

如果没有坚持写日记……

➡ 作文写不好。

题目：未来的梦想
一会儿上台来讲讲。
当然是棒球选手！
未来的梦想 片津整太
我的梦想是成为职业棒球运动员。
不知道该写什么。
写不下去了。

如果坚持写日记……

作文越写越好！

整太，念一下
你的作文。
我的梦想是成为
职业棒球运动员。
滔滔不绝
因此，首先要有充
足的体力。我每天
都坚持进行训练。
写得真好！
好厉害！
好棒！

作文写得好，对考试也有帮助哦！

语文轻松
拿高分。
合格

丽丽和清清的故事 3

清清!
咱们玩交换日记的游戏吧!
交换日记
好啊!
写什么呢?
老师说，要写今天发生的事，什么都可以。
第二天
我写好啦!
好期待!
交换日记
你是不是很欣赏整太?
激动
某年某月某日
今天，整太完成了翻转上杠，真厉害!
太帅了!
清清
整太
你怎么知道的?!

上吧！片仔 3
乱七八糟
……
我走了！
乱死了！
等等……
啊！片仔也开始收拾了！
你，你为什么？
不为什么……
狗狗漫画

整理进度表升级：掌握“坚持的能力”

升级 ★★★

掌握“坚持的能力”！
终于通关了！

坚持的能力是指

1. 每天坚持
2. 勤奋努力
3. 永不放弃

我要一个
一个消灭你们！
终极怪物
你是最
后一个！

升级

整太升级了！掌握了“坚持的能力”！

坚持的能力发挥作用！ 1

每天坚持

不能每天坚持……

之前

今天太忙了，
作业就不做了！
啊，《闲人杂志》
出新刊了！
闲人杂志
这一期也
很有意思！

可以每天坚持！

之后

我先写作业。
闲人杂志
《闲人杂志》等
写完作业慢慢看。
那我先
看了哦。

坚持的能力发挥作用！②

勤奋努力

懒散……

之前

我买了本字典，我要把它背下来！
而且是一口气背完！
字典
1006字
不要勉强自己……
一个月后
对了，这个背得怎么样了？
字典
1006字
最近没有背了。
三天就放弃了。

勤奋！

之后

我一点一点背吧！
一天可以背5个。
字典
1006字
要认真背哦。
一个月后
已经背了150个了！
哇！

坚持的能力发挥作用！③

永不放弃

坚持的能力对于
大人也很重要！

轻易放弃……

之前

不管练习挥棒多少次，还是当不
了职业选手。
砰！
没有恒心
的家伙。
9年后
选秀大会
今年也没
被选上……
不努力，
当然选不上！

永不放弃！

之后

挥
棒
一定要成为
职业选手！
加油，加油！
9年后
选秀大会
职业队
太好了！
我终于成为
职业选手了！

结局 整太成功了吗？

几个月后
丁零零
早上好！
考试结果出来了。
叽叽
喳喳
整太全都考了100分！
太了不起了！
哈哈哈……
还好，还好。
厉害！
天才！
一片赞叹
整太，好棒！
打扫卫生的时间
喂！你们学学人家整太！
啊——
冲啊！
动作
麻利
够不到啊……
我帮你擦吧！
交给我！
嗯？

要从上面开始擦哦。
好绅士啊。
整太，好棒！
啊——
啊——
卫生也打扫得很好！
我只要认真起来，没有搞不定的事。
…
放学后
整太！来个全垒打！
来吧！
准备好了！
松松！把他投出局！
轰隆隆——
我不客气了，整太。
来吧，松松！
轰隆隆——
接招！

嗖——
漂亮的全垒打
我输了……
你投的球很棒！
虚弱
我回来了！
妈妈，你知道吗？
今天，我被老师表扬啦。
大家可崇拜我了，女生也特别欣赏我，真是不好意思……
滔滔不绝
安静
怎么了？
去哪儿了？
咔嚓！

整太！
谁？！
这都是你努力的成果。
当当——
没想到哥哥还挺厉害。
妈妈?!
理香?!
虽然不至于让大家崇拜。
片仔！你……
!?
咚！
被女生欣赏也是假的吧。
咚——
才不是假的呢！
假的，假的！

啊？我什么时候成了勇士?!
当当——
通过一点一滴的努力，
你已经掌握了三个技能！
干得漂亮！
决定的能力
过关
整理的能力
过关
坚持的能力
过关
是啊，我一直在努力呀。
终于成功升级了。

好好利用这些经验，
我懂了，妈妈！
加油哦！
变得更加优秀吧！
嘿嘿，我是勇士了……
这可不行。
整太！起来！
快收拾干净！

整理与收纳不是一两天能掌握的，

要不断地努力才行哦！

illustration：Hisae Irie

版权合同登记　图字：19-2019-209号

图书在版编目（CIP）数据

学校学不到的成长课. 小学生也要学的整理术 /（日）株式会社旺文社著；王新译. — 广州：新世纪出版社，2019.12（2020.5重印）
ISBN 978-7-5583-0040-0

Ⅰ. ①学… Ⅱ. ①株… ②王… Ⅲ. ①家庭生活－少儿读物 Ⅳ. ①G775

中国版本图书馆CIP数据核字（2019）第265382号

学校学不到的成长课·小学生也要学的整理术
Xuexiao Xuebudao de Chengzhangke · Xiaoxuesheng YeyaoXue de Zhenglishu

出 版 人：姚丹林
责任编辑：秦文剑　黄诗棋
责任技编：王　维

出版发行：新世纪出版社
（广州市大沙头四马路10号）
经　　销：全国新华书店
印　　刷：北京盛通印刷股份有限公司
规　　格：880mm × 1230mm　　开　　本：32开
印　　张：5.25　　字　　数：65千
版　　次：2019年12月第1版　　印　　次：2020年5月第4次印刷
定　　价：32.50元

质量监督电话：020-83797655　购书咨询电话：020-83781537